世界公民叢書

未來的・全人類觀點

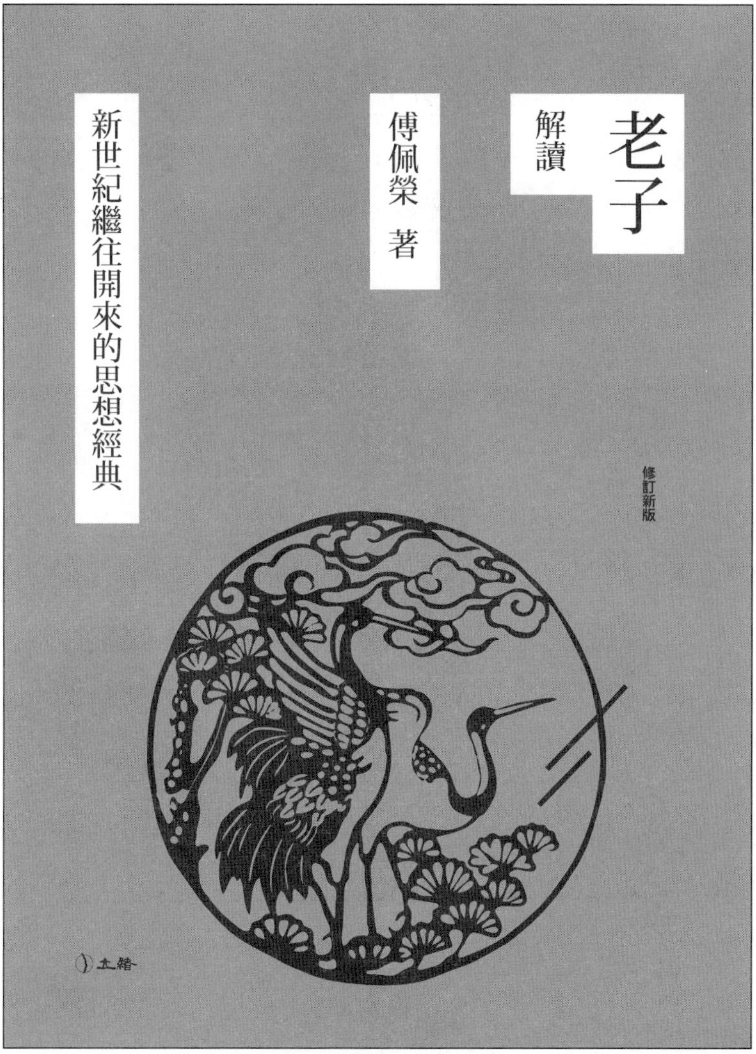

〈前言〉①

老子其人其書

台灣大學哲學系教授
傅佩榮

我們手邊這一本《老子》，又名《道德經》。司馬遷在《史記》寫到它的作者時，是列在〈老子韓非列傳〉中。以上簡單的兩句話，就可能引起不少誤解。

首先，《老子》又名《道德經》，但是內容與世人所謂的「仁義道德」完全無關，亦即所論並非倫理學的題材。以王弼（二二六—二四九年）所注的版本為例，《老子》分為上下兩篇，先論「道可道，非常道」，後論「上德不德，是以有德」；於是遂有〈道經〉（一至三十七章）與〈德經〉（三十八至八十一章）二篇，合稱《道德經》。

其次，《史記》卷六十三以「老子、韓非」並列為傳，其實所述還包括莊子與申不害。韓非是法家代表，著作中有〈解老〉與〈喻老〉二篇，發揮老子的部分思想。司馬遷認為韓非「喜刑名法術之學，而其歸本於黃老」，最後又總結說：「韓子引繩墨，切事情，明是非，其極慘礉少恩，皆原於道德之意。而老子深遠矣。」老子的思想當然比韓非深遠，但是韓非「自認為」並且「使別人認為」他在推廣老子的學說，以致老子的真面目反而模糊難辨。這不能不說是老子的不幸啊！

關於《老子》一書的作者，亦即「老子」此人，司馬遷說：「老子者，楚苦縣厲鄉曲仁里人，姓李氏，名耳，字聃，周守藏室之史也。」老子是周朝管理文書檔案的官，學問與見解應該具有一定水平。

根據孔子（公元前五五一—四七九年）曾經向老子請教禮儀一事來看，老子應該也是春秋時代的人，年齡比孔子稍長。孔子聽了老子的一番訓勉之後，對弟子說：「吾今日見老子，其猶龍邪！」所謂「龍」，描寫他是「乘風雲而上天」，並非年輕時的孔子所能理解。老子眼見周朝衰頹，決定西出函谷關，準備隱居，守關的官員請他留下作品。「於是老子迺著書上下篇，言道德之意五千餘言而去，莫知其所終。」

事實上，老子是以《老子》一書而對後代產生重大影響，並且此書與老子的生平際遇並無密切關係。換言之，「老子寫了什麼？」要比「老子是誰？」更為重要。那麼，老子寫了什麼呢？今日通行的是王弼注的版本，而王弼上距老子的年代也有七、八百年，誰能擔保這段期間的傳抄與刻印都沒有問題呢？

一九七三年，湖南長沙馬王堆的「漢墓」，出土了一大批帛書，其中就有《老子》的帛書甲本與乙本。這兩個版本大同小異，都是〈德經〉在前而〈道經〉在後，並且沒有分章。一九九三年湖北荊門郭店村「戰國楚墓」又出土了許多竹簡，其中有三種《老子》的摘抄本，分為甲、乙、丙三組。摘抄本的字數只有通行本的三分之一，並且丙組中的文句較為接近帛書本與通行本。專家認為，甲組較為接近《老子》祖本，它的抄寫年代距離老子逝世「可能」只有一百多年。換言之，目前所能找到的斷簡殘篇，離作者老子本人也有一百多年了。既然如此，我們在依據最新出土的資料修訂《老子》通行本的同時，還是要把焦點置於老子學說的闡釋上。

在探討老子學說時，會發現材料最多的是歷代的注解與引申。從最早的莊子、韓非等人，經過河上公、王弼，甚至唐玄宗這位帝王，以及宋朝的王安石、蘇轍、朱熹等人，無不發表心得，增益老學。但是，《老子》似乎是一面鏡子，人們總能藉它照見自己的長相，而未必說得清楚它原來的用意是什麼。老子是道家的創始者，他所謂的「道」，是指「真實」（更好說是「究竟真實」）而言，亦即要將人生依託在永恆不變的基礎上，再由此觀照人間，安排適當的言行方式。他在儒家之外，另外開闢了一條路，並且是更為寬廣的路。奈何天下人卻難以體認他的美意。他說：「吾言甚易知，甚易行。天下莫能知，莫能行。」（七十章）我們不妨欣然接受此一邀請與挑戰，一起認真研讀《老子》。

〈前言〉②

以智慧取勝的老子

老子說：「吾言甚易知，甚易行。天下莫能知，莫能行。」（七十章）為什麼老子認為自己的說法既容易了解又容易實踐，但是天下人卻沒有辦法了解，也沒有辦法實踐呢？答案是：老子的智慧太高了。「智慧」其實無所謂高低，它像是一道門檻，只有跨過去與跨不過去的問題。一旦跨過去，就覺悟了，就豁然開朗，從此月白風清，無所沾滯，可以解脫自在，也可以逍遙自得。莊子的表現不正是如此嗎？

道家由老子開創，並由莊子發展，所形成的思想及影響可以同儒家分庭抗禮，在深度與廣度上則更有過之。關於儒家與道家的差異，可以約為以下三點：

一、儒家以人為中心，強調人之社會性。道家不以人為中心，重視人之自然性。

二、儒家以天為至高存有，突顯歷史背景。道家以道為至高存有，展現宇宙視野。

三、儒家企盼天人合德，人須行善以求至善。道家嚮往與道合一，人需智慧以求解脫。

綜合看來，這兩大哲學系統的架構是相似的，都是肯定人生應該不斷體現更高的價值。儒家的目標是「止於至善」，但是行善要靠政治、社會、教育各方面的條件配合，而天下治少亂多，即使像孔子一樣「知其不可而為之」，依然難免於遺憾。道家採取釜底抽薪之計，突破人類中心的格局，從永恆的與無限的層面來觀察，發現一切造作都是無謂的盲動與執著，不如點破而化解之，以無心的態度順其自然。

所謂「道」，是指「究竟真實」而言，亦即萬物的始源與歸宿，萬物的基礎與動力來源。這樣的道，當然超過人類認知的能力及表述的範圍，所以說：「道，可道，非常道」（一章），又說：「知者不言，言者不知」（五十六章）。既然如此，那麼老子又是如何知道的？他憑藉的是：「致虛極，守靜篤」（十六章），意思是：追求「虛」，要達到極點；守住「靜」，要完全確實。靠著虛與靜，無異於排除感官與認知的分辨作用，化解欲望與行動的具體作為，然後再覺悟那由道而來的「永恆的與無限的層面」。依此觀之，萬物的變化不再使人困擾，萬物的有限也不再使人遺憾。從體驗「真實」出發，可以抵達「審美」之境，因為心靈敞開，無所不容，天下又豈有不可欣賞之人，又豈有難以欣賞之物？

《老子》向來是一本難解的書，而其關鍵即在於「道」字。一方面，道是無所不在的，而「德」是萬物「得之於道者」，所以說「道生之，德畜之」（五十一章）；另一方面，道又與萬物截然不同，因為它「獨立而不改，周行而不殆」（二十五章）。這兩種性質可以分別稱為「內存性」與「超越性」，亦即：道是既超越又內存的。掌握了這一點，才可進而發揮老子的無為觀與自然觀。譬如，何以無為？因為，「無為而無不為」（三十七章），人又何必自尋煩惱？又如，何謂自然？「自然」即是自己如此，一切本來就會走上正途，合乎道的運作模式。

我在解讀《老子》時，主要的根據是自己研習中西哲學三十餘年的心得。「哲學」的原意是「愛好智慧」，因而對於老子的智慧，自有相契之處。當然，我參考了許多專家的研究成果。歷代的注家姑且不論，當代的學者即包括了朱謙之、嚴靈峰、張舜徽、任繼愈、陳鼓應、劉笑敢等先生。有關原文字句的修訂，參考陳鼓應先生的研究為尤多，特此致謝。白話譯文，求其通順暢達；解讀部分，專就關鍵概念加以解析，並且把《莊子》書中引述的語句也附錄於后，以茲對照。我在近年致力於解讀儒家與道家的經典著作，雖然辛苦但獲益良多，並且更能深切體認固有文化之真、之善、之美。

老子解讀

【目錄】本書總頁數共244頁

上篇

下篇

上篇

第一章

道，可道，非常道。
名，可名，非常名。
無名，萬物之始；
有名，萬物之母。
故常無欲，以觀其妙；
常有欲，以觀其徼(ㄐㄧㄠˋ)。
此兩者同出而異名，同謂之玄。
玄之又玄，眾妙之門。

〈白話〉

道，可以用言語表述的，就不是永恆的道。名，可以用名稱界定的，就不是恆久的名。名稱未定之前，那是萬物的起源；名稱已定之後，那是萬物的母體。因此，總是在消解欲望時，才可看出起源的奧妙；總是在保存欲望時，才可看出母體的廣大。起源與母體，這二者來自一處而名稱不同，都可以稱為神奇。神奇之中還有神奇，那是一切奧妙的由來。

〈解讀〉

①「道」是老子的核心概念，所代表的是「究竟真實」。人的言語所能表述的，都是相對真實，亦即充滿變化的事物。因此，永恆的道是不可說的。不可說，甚至不可思議，但是卻「非存在不可」，因為若無究竟真實，則這一切由何而來又往何而去，然後人生難免淪於幻象或夢境。老子揭示「道」的存在，是為了化解虛無主義，超越相對價值，使人的生命獲得真正的安頓。

②由此可知，《老子》全書所用「道」字有二義：「可道之道」與「常道」。「可道之道」是勉強使用的詞，如「吾不知其名，強字之曰道」（二十五章）。「常道」才是

真正的道，它是恆存的，但亦有活動與效用，如「反者道之動，弱者道之用」（四十章），並且「周行而不殆」（二十五章），循環運行而不止息，如此才可做為萬物的來源與歸宿。至於其他的組合詞，如「天之道」、「聖人之道」、「人之道」，則指規律或作風而言。

③為何在談「道」之後，立即談「名」？道本身不需要言說與思慮，但是努力悟道的是人，若無言說思慮，則無從學道，所以必須隨之談「名」。「名」是名稱或概念，是言語及思想的基本單位。「名以指實」，名稱是用來指涉真實之物的，其作用為符號或象徵，因此有調整及改變的空間。針對永恆的道，人的思想可以覺悟恆久的名，但是一經界定落實，就成為相對的名。以下所論之「名」，皆指相對的名而言。

④「無名」與「有名」，在此是針對人的認識作用及過程而言。無名代表萬物的始源，是思想無法企及的階段；有名代表萬物的母體。「母」字表示有母必有子，思想由此領悟了：萬物如何配合名稱一一呈現。在字句上，以「無名，萬物之始」取代「無名，天地之始」，這是依帛書本《老子》而改；並且王弼的注未曾提及「天地」一詞，他說的也是萬物：「未形無名之時，則為萬物之始」。再者，「無名，萬物之始；有名，萬物之母」的說法也較合乎邏輯，不必面對像「天地是否有名」或「天地

與萬物有何關係」之類的複雜問題。《老子》有「道常無名……始制有名」（三十二章），「道隱無名」（四十一章）的說法，因此本段不可斷句為「無，名萬物之始；有，名萬物之母。」

⑤「無欲」與「有欲」，是針對人的意志欲求而言。許多學者認為老子不可能主張「有欲」，因而反對這種斷句。事實上，「欲」隨「知」而生，有正確的知，就有正確的欲，所以老子贊成大國與小國「各得其所欲」（六十一章），而聖人「欲上民」、「欲先民」也都是好事（六十六章）。其次，帛書本的斷句是「恆無欲也……恆有欲也」，王弼注本亦如此斷句。然後，「以觀其妙」與「以觀其徼」，這裏的兩個「其」字，皆指萬物而言，但分別指涉前面所說的「始」與「母」。人在「無欲」時，可以契合「無名」之境，進而觀照始源的奧妙。人在「有欲」時，可以配合「有名」的狀態，然後觀照母體的廣大無邊。「徼」可以解為明白開顯、空虛能受、歸趨之處、所及邊際等。

⑥「此兩者」是指「始」與「母」，名雖不同而來源相同，亦即都來自神奇的「常名」。常名再往上推溯，亦即玄之又玄，則是做為眾妙之門的「道」了。如此解讀，則全章首尾呼應，層次井然。中間的「無名、有名」與「無欲、有欲」，是就人的認

知與欲望而言。《老子》全書的後續各章依此充分發揮其理。

⑦本章斷句，不以「無」、「有」為專門術語，理由有三：一，無與有是相互對立的概念，如「有無相生」（二章），「有之以為利，無之以為用」（十一章）；既然相互對立，就不能有先後的承啟關係。二，涉及先後承啟的，只有一章：「天下萬物生於有，有生於無」（四十章），但是有與無在此是指有形與無形而言，或指有名與無名而言。請參看相關部分的討論。三，最重要的是，在歷史上，首先在本章以「無」與「有」斷句的是北宋的王安石（公元一〇二一—一〇八六年）。依彭耜《道德真經集注》所輯引的王氏殘注，他說：「無，所以名天地之始；有，所以名其終，故曰萬物之母。」依此所說，「無」是指天地之始，「有」是指天地之終，而天地之終即為萬物之母。如此一來，是「天地生萬物」而非「道生萬物」。這並不合《老子》的基本觀點。老子認為，天地與萬物皆由「道」所生。參考二十五章的討論。我們怎能以北宋王安石的斷句取代西漢時的帛書《老子》與魏晉時的王弼（二二六—二四九年）注本？

⑧有關「道」的描述，可參考：一章、四章、十四章、二十一章、二十五章、四十二章。

第二章

天下皆知美之為美，斯惡已；

皆知善之為善，斯不善已。

故有無相生，難易相成，

長短相形，高下相傾，

音聲相和，前後相隨。

是以聖人處無為之事，行不言之教。

萬物作焉而不辭，

生而不有，為而不恃，功成而弗居。

夫唯弗居，是以不去。

第二章 很值得 管理者 省思 省選擇。

相對的价值觀，因為見思

學道家了人生命的管理者

一定要跟別人走往要有分別

了人生命觀境以道家自处

于要去面分長短 高下前後

〈白話〉

天下的人都知道怎麼樣算是美，這樣就有了醜；都知道怎麼樣算是善，這樣就有了不善。所以，有與無互相產生，難與易互相形成，長與短互相襯托，高與低互相依存，音與聲互相配合，前與後互相跟隨。因此之故，聖人以無為的態度來處事，以不言的方法來教導。任由萬物成長而不加以干涉，生養萬物而不據為己有，作育萬物而不仗恃己力，成就萬物而不自居有功。正是因為不居功，所以功績不會離開他。

〈解讀〉

①人間的價值判斷是相對的。一方面，沒有美就沒有醜；另一方面，美之上還有更美，醜之下還有更醜，永遠比不完。聖人明白這個道理，於是無所作為，緘默不語，讓一切自行發展。

②「聖人」是指領悟了「道」的統治者，可以體現「道」的作為。在《老子》書中，「聖人」一詞出現三十二次，將近二分之一的篇章中使用了「聖人」與其同義語（我、吾等）。「萬物」則包括人類社會在內，所以才有居功不居功的問題。如果不

居功，則功績「無從」離開他，並且不必擔心「有功就有過」這種相對價值觀的干擾。

③「有無相生」可以理解為：一、在概念上，說「有」時，知道它不是「無」；說「無」時，知道它不是「有」；兩者若是分立，則兩者都將不知所云。二、萬物常在變化之中，所以現在「有」的，以前是「無」；現在「無」的，曾經是「有」；由將來看現在，亦復如此。換言之，有與無，在此並非西方哲學所謂的「存有」（Being）與「虛無」（Nothingness）。較合適的理解是：「有」指有形之物，「無」指無形之物。

④「美惡」並用時，「惡」指醜而言。「音聲」則指樂音與人聲。「作焉而不辭」的「不辭」，在帛書乙本作「弗始」，古本則作「不為始」，有「不刻意造作」、「不加以干涉」之意。

⑤《莊子．應帝王》：「明王之治：功蓋天下而似不自己，化貸萬物而民弗恃；有莫舉名，使物自喜；立乎不測，而遊於無有者也。」其意為：「明王治理時，功勞廣被天下，卻好像與自己無關；教化普施萬物，而百姓不覺得有所依賴；擁有一切但不能描述，使萬物可以自得而喜；立足於神妙不測的地位，遨遊於虛空無有之境。」（白話譯文，請參看《莊子解讀》，立緒出版）這段話生動描繪了「聖人」之治。

第三章

不尚賢，使民不爭；

不貴難得之貨，使民不為盜；

不見可欲，使民心不亂。

是以聖人之治，

虛其心，實其腹；

弱其志，強其骨。

常使民無知無欲，

使夫知者不敢為也。

為無為，則無不治。

（手寫註）

未跟人比較 不以此為憂、沒有分別心

不為妄有評價

跟別人走往有社會規糺（個象）

與自己相處（適義）

欲望來自說知 山設流言說知正確

悟道的統治者

沒有知就不會有欲望，人不可能不知，如何獲得正確的道知得

完全妄知

〈白話〉

不推崇傑出的人才，人民就不會競爭較量；不重視稀有的商品，人民就不會淪為盜賊；不展示可欲的事物，人民的心思就不會被擾亂。因此之故，聖人在治理人民時，要簡化他們的心思，填飽他們的肚子；削弱他們的意志，強化他們的筋骨。總是要讓人民沒有知識也沒有欲望，並且使明智的人不敢輕舉妄動。只要依循無為的原則，就沒有治理不好的地方。

〈解讀〉

①有些學者認為本章鼓吹愚民政策。值得思考的是：愚民是手段還是目的？為了避免人民陷於「爭、盜、亂」的困境，所以採取看似愚民的手段，而目的則是無為以及無不治。當然，這樣的手段是「虛擬的」，而這樣的目的也只是空中樓閣。我們可以批評老子是過度的理想主義者，卻不能說他主張愚民。

②「無知無欲」一語，提醒我們「有知有欲」，由此可能造成各種困擾。但是，人豈能完全無知？因此問題在於：如何獲得正確的知？若有正確之知，則必有正確之行。

《老子》一書的宗旨，不就是想要啟發我們何謂正確之知嗎？

③「知者」一詞在此譯為「明智的人」，其意是指善用智巧或自作聰明之輩。這一類人並未悟「道」，因此所作所為難免治絲益棼。

④從「為無為，則無不治」一語可知，老子是希望天下大治的。「為無為」仍是某種「為」，而「無為」是指「無心而為」，不去刻意造作，並非單單只是「無所作為」。如果「無為」只是指「無所作為」，則老子思想無異於懶人哲學，也不值得一探究竟了。

第四章

道，沖而用之或不盈。
淵兮似萬物之宗。
挫其銳，解其紛，
和其光，同其塵。
湛兮似或存，
吾不知其誰之子，象帝之先。

〈白話〉

道，空虛而作用似乎沒有極限。是那麼淵深啊！像是萬物的本源。它收歛銳氣，排除紛雜，調和光芒，混同塵垢。是那麼沈靜啊！像是若有若無地存在著。我不知道它是由誰產生的，好像在上帝之前就已經存在了。

〈解讀〉

①本章對「道」的描述，用了「或、似、似或、象」這些疑似詞。雖為疑似，但仍有跡可循，有助於我們理解「道」。亦即，經由「不盈」、「萬物之宗」、「存」、「帝之先」，可以覺察「道」的作用。以疑似詞來描寫那做為究竟真實的「道」，是非常高明的手法，勝過使用否定詞或類比詞。

②「挫其銳」等四句，亦見於五十六章，用以說明人生的修養。可見老子的目的是希望人效法「道」的作為。

③「象帝之先」有二解：一是「似帝之先」，而「帝」指「天帝」（王弼注）；在「天帝」（合天與上帝而言，是古人所相信的造物者）之先，無物存在；所以「道」像上帝一樣，也是最早存在的。不過，如此一來，道與上帝皆在最先，必須合而為一。然後，既已有道，就不再需要上帝了。二是主張道「好像在上帝之前」已經存在，因為上帝已是「有名」，不足以與道（原是無形無名）相提並論。事實上，老子提出

「道」的用意之一，就是想以它取代古人所信的「天」或「上帝」，由此恢復其做為「至高存有」（亦即「究竟真實」）的「超越性」。有關「超越性」，請參看二十五章的討論。

④有關「道」的描述，有六章最重要：一、四、十四、二十一、二十五、四十二。

第五章

天地不仁，以萬物為芻（ㄔㄨˊ）狗。

聖人不仁，以百姓為芻狗。

天地之間，其猶橐（ㄊㄨㄛˊ）籥（ㄩㄝˋ）乎，

虛而不屈，動而愈出。

多言數窮，不如守中。

〈白話〉

天地沒有任何偏愛，把萬物當成芻狗，讓它們自行榮枯。聖人沒有任何偏愛，把百姓當成芻狗，讓他們自行興衰。天地之間，正像一個風箱啊！雖空虛卻不致匱乏，一鼓動就源源不絕。議論太多，很快就會走投無路，還不如守住虛靜的原則。

〈解讀〉

①「芻狗」是以草紮成的狗，為古人祭祀時的用品。當用之時，備受重視；已用之後，隨即丟棄。《莊子．天運》有一段生動的描寫：「夫芻狗之未陳也，盛以篋衍，巾以文繡，尸祝齋戒以將之。及其已陳也，行者踐其首脊，蘇者取而爨之而已。」（白話：芻狗還沒有用來祭祀時，裝在竹筐裏，蓋著錦繡手巾，主祭者還要先齋戒再接送它。等到祭祀過後，路上行人踩踏它的頭與背，撿草的人把它拿去當柴燒了。）天地對萬物，聖人對百姓，不正是任其榮枯及興衰嗎？因此，「不仁」是指沒有偏愛，或者「無心於行仁」。王弼注本有關「芻狗」則顯然有誤，他說：「地不為獸生芻而獸食芻，不為人生狗而人食狗。無為於萬物而萬物各適其所用。」

②「橐籥」是古代冶鑄鐵器時，用以生風旺火的工具。裏面雖是空的，但可鼓動氣流；正如天地之間，萬物流轉，生生不息。

③「多言」（或作「多聞」），是因為使用心思，賣弄智巧。如此很快（數，速也）就會疲於奔命而陷入困境。「守中」即是守虛。

④由本章可知，天地之於萬物，有如聖人之於百姓。天地為萬物生息的場所，但萬物不由天地而生。聖人是治理百姓的君主，但兩者皆屬於人類。因此，天地與萬物亦有同樣性質，就是都是由道而來。嚴格說來，天地亦屬萬物之中，並且可以並稱「天地萬物」，用以代表自然界。可參考二十五章。

第六章

谷神不死，是謂玄牝。
玄牝之門，是謂天地根。
綿綿若存，用之不勤。

〈白話〉

虛谷之神不會死亡，可以稱為神奇的生殖力。神奇的生殖力有個出口，可以稱為天地的根源。它若隱若現好像存在，作用卻是無窮無盡。

〈解讀〉

①「谷」：空虛開闊，無所不容。「谷神」：用以描寫那使谷成為谷的力量，亦即

「道」。在此，永恆的道展現了神奇的生殖力，由此化生天地。

②道做為天地萬物的來源，但是並不隨著天地萬物而變化生滅。因此，道不是一般所謂的「存在」，而是「若存」；並且在作用上也異於天地萬物，是無窮無盡的。

③老子的「道」特別強調化生天地與包容萬物的這一面，值得稍作探討。以思想背景而言，古人所信的「天」，具有五種角色及作用：一、主宰者，二、造生者，三、載行者，四、啟示者，五、審判者。隨著時代演進（如天子失德，禮壞樂崩），人們對天的信念逐漸改變。這其中，主宰之天仍有一定的影響力（如本書六十七章所謂的「天將救之，以慈衞之」）；而造生與載行之天淪為具象的自然之天（「天地」並稱），啟示之天與審判之天淪為固定的命運之天。孔子與老子都是危機時代的哲人，但是回應挑戰的方式不同。孔子意圖轉「命運」為「使命」，藉由「承禮啟仁」，想要為人間安立新秩序。老子則以「道」代「天」，指出自然界並非只是生滅變化而終歸虛無，因為還有一個「道」永遠常存。如此，老子的道特別顯示造生與載行的作用，也就不難理解了。並且，道與自然界「若即若離」的關係也就深具啟發性了。上述有關「天」概念的詮釋，請參看傅佩榮《儒道天論發微》（聯經出版）。

第七章

天長地久。

天地所以能長且久者，
以其不自生，故能長生。
是以聖人後其身而身先，
外其身而身存。
非以其無私邪？故能成其私。

〈白話〉

天延續著，地持久著。天地能夠延續而持久的緣故，是因為它們不求自己的生存，所以能夠持續生存下去。因此之故，聖人退居眾人之後，結果反而站在眾人之前；不在意自己的

（手寫批註）

和人比

天子 仁愛 正義

主宰之天
造生之天 ⟩ 自然之天 → 道（超越界） 道家
無義行之天 規律（天地）
啟示之天
審判之天 ⟩ 命運之天 → 天命 儒家（使命之天）

武玫

仁愛

啟予
先告訴你是非善惡
教育
五倫：善

生命，結果反而保全了生命。不正是由於他沒有私心嗎？這樣反而達成了他的私心。

〈解讀〉

①「天長地久」，是針對萬物一直在生滅變化而言。天地有如容器，萬物在其間活動。相對於萬物，天地是不變的；但是，就天地自身而論，卻不可說是永恆的，所以有「天地尚不能久」（二十三章）一語。真正永恆的，只有「道」（參考二十五章的解讀）。

②天地「不自生」，是說天地不為自己的生存打算，而讓萬物自行生滅，結果天地反而不受變化所困，可以長久生存下去。

③聖人是悟道之人，為何要效法天地呢？理由有二：一、聖人是人間的統治者，面對的是百姓；他可以取「天地面對萬物」的類比關係，來做為自己的示範。二、道是無形無象的，不像天地可以觀察取法；天地不等於道，但卻源自於道，足以提供聖人許多啟示。

④聖人的「無私」表現於退讓、不爭、忘我、隨順上，但是由結果看起來卻是十分積極

的。在此，「成其私」不是「無私」的目的，而是「無私」的自然結果。王弼說：「無私者，無為於身也，身先身存，故曰能成其私也。」老子是以智慧覺悟最深刻的因果關係，而不是提供處世的手段或謀略。此外，這些字句的主詞是「聖人」，亦即代表了聖人的體驗。我們對於類似的說法，可以存思也可以效法，但未必可以搬來就用，更不必期望立即達成同樣的效果。

第八章

上善若水。

水善利萬物而不爭，

處眾人之所惡，

故幾於道。

居善地，心善淵，

與善仁，言善信，

正善治，事善能，

動善時。

夫唯不爭，故無尤。

〈白話〉

最高的善就像水一樣。水善於幫助萬物而不與萬物相爭，停留在眾人所厭惡的地方，所以很接近道。居處善於卑下，心思善於深沈，施與善於相愛，言談善於檢證，為政善於治理，處事善於生效，行動善於待時。正因為不與萬物相爭，所以不會引來責怪。

〈解讀〉

①本章認為「水」的性質與作用，「幾於道」，值得我們省思。接著所說的，被稱為「水之七善」。蘇轍《道德真經注》的解說如下：「避高趨下，未嘗有所逆，善地也；空虛靜默，深不可測，善淵也；利澤萬物，施而不求報，善仁也；圓必旋，方必折，塞必止，決必流，善信也；洗滌群穢，平準高下，善治也；遇物賦形，而不留於一，善能也；冬凝春冰，涸溢不失節，善時也。有善而不免於人非者，以其爭也。水唯不爭，故兼七善而無尤。」

②老子書中，以水比喻之處還有三十二章、三十六章、六十一章、六十六章、七十八

章。不過，水只是「幾於道」，並不是等於道。譬如，水總是居於卑下之地，亦即「處眾人之所惡」；而道對萬物則是無所不容，既沒有高低之別，也沒有好惡的問題。

持而盈之，不如其已。

揣而銳之，不可長保。

金玉滿堂，莫之能守。

富貴而驕，自遺其咎。

功成身退，天之道。

〈白話〉

累積到了滿溢，不如及時停止。捶鍊到了銳利，不能長久保持。金玉堆滿家中，沒有人能守住。富貴加上驕傲，自己招致禍患。成功了就退下，這才合乎天道。

功遂身退 天之道
完畢

自我約束

時間拉長，將來呢？以後呢？

易經 中吉終凶

說則終凶

〈解讀〉

①人有生老病死，物有成住壞空；季節有春夏秋冬，國家有興盛衰亡。明白此一原則，我們的處世態度就會謙虛退讓，適可而止；然後功成身退，長保平安。

②關於「天之道」，在本書尚有多見，與本章類似的說法有：「天之道，不爭而善勝」（七十三章），「天之道，其猶張弓與？」（七十七章），「天之道，利而不害」（八十一章）。在此，「天」代表自然界的能動力量（「地」則代表受動力量）。因此，「天」可以做為「天地」合稱的自然界，而「天之道」即指「自然界的運作規則」而言。到了莊子，則明白以「天」代表自然界，請參考傅佩榮《莊子解讀》，如〈天地〉、〈天道〉、〈天運〉各篇。

③由於「天」在古代原有崇高地位（如以「天子」指稱帝王），亦即天扮演主宰者的角色。本書在談到「天」時，仍未完全擺脫此一思想背景，所以會有「治人事天莫若嗇」（五十九章）的說法。「事天」一詞是最明確的證據。

第十章

載營魄抱一，能無離乎？

專氣致柔，能如嬰兒乎？

滌除玄覽，能無疵（ㄘ）乎？

愛民治國，能無為乎？

天門開闔，能為雌乎？

明白四達，能無知乎？

生之，畜之。 萬物（己括人類）

（生而不有，

為而不恃，）

10.16 聖人修鍊

六 修鍊之要

1. 身心整合于道（一）接手一
自我
2. 身（嬰兒）
3. 心（如鏡）

待人
4. 治國（無為）.
5. 守柔（日常修鍊手）順受
6. 放空（　）

鏡知
無私

長而不宰，
是為玄德。

〈白話〉

精神形體配合，持守住道，能夠不離開嗎？隨順氣息以追求柔和，能夠像嬰兒一樣嗎？滌除雜念而深入觀照，能夠沒有瑕疵嗎？愛護人民與治理國家，能夠無所作為嗎？天賦的感官在接觸外物時，能夠安靜保守嗎？明白各種狀況之後，能夠不用智巧嗎？生長萬物，養育萬物。生養萬物而不據為己有，作育萬物而不仗恃己力，引導萬物而不加以控制，這就是神奇的德。

〈解讀〉

①王弼解「載」為「猶處也」。「載營魄」是指：人有如處於魂魄配合的狀態。「營魄」即是魂魄；「一」可以指魂魄合一的狀態，也可以指道（究竟真實）。由於本章談及「愛民治國」，可知是針對聖人（理想的統治者）而言，然後參考「聖人抱一為

天下式」（二十二章）一語，可知在此所指為「道」。

②老子常以「嬰兒」為喻，描寫悟道者保存了原始的純樸狀態。參考二十章、二十八章、五十五章。王弼解「專氣致柔」為：「任自然之氣，致至柔之和」。

③「玄覽」一詞，又寫為「玄鑒」，其意相似，都是要以直覺的心智作深入的觀照。

④「天門」：自然之門。以人而言，即是天賦的感官，由此可與外界接觸。

⑤「玄德」：神奇的德，意思近似「至德」，用以描寫道的作用，或聖人悟道的表現。「德」字與「得」相通，有雙重意義：一、在萬物方面，是指「得之於道者」，所以在「道生之」之後，接著要說「德畜之」。在此可引申為一物的本性或秉賦。二、在道方面，「德」指道的作用或表現，所以有道為「體」，德為「用」之說。「玄德」即就此意而說。可參照六十五章。

⑥「生而不有，為而不恃，長而不宰，是謂玄德」一語，亦見於五十一章。《莊子・達生》亦以「為而不恃，長而不宰」描寫「至人之德」。

⑦王弼解「生之」為「不塞其源也」，解「畜之」為「不禁其性也」。至於「玄德」，他說：「有德無主，非玄而何？凡言玄德，皆有德而不知其主，出乎幽冥。」

第十一章

三十輻共一轂（ㄍㄨˇ），當其無，有車之用。

埏埴（ㄕㄢ ㄓ）以為器，當其無，有器之用。

鑿戶牖（ㄧㄡˇ）以為室，當其無，有室之用。

故有之以為利，無之以為用。

具有某種條件

〈白話〉

車輪上的三十根木條，聚集在一個車軸中，有了軸心空虛之處，才有車的作用。揉合陶土做成器皿，有了中間空虛之處，才有器皿的作用。開鑿門窗建造房屋，有了室內空虛之處，才有房室的作用，所以，「有」帶給人便利，「無」發揮了它的作用。

這要怎樣能把

個別山歸的

女聽別人説話，先把自己放空，讓道

互相傾聽

交換垃圾，所以毛放空

自我修行

〈解讀〉

①古代車輪由三十根木條輻輳於軸心所構成，軸心必須是空的，才能由橫木穿過，接連兩邊的車輪，然後車輛才可以使用。

②本章有三個比喻：車、器、室。「有」是指有一物，可以增加生活上的便利；但是這種便利若要真正發揮用處，則必須靠「無」。「無」是指無一物，空虛而已。有與無互相配合，一物之功用才可彰顯。老子藉此提醒我們，不宜重有而輕無。

③在經驗世界或現象世界，有與無是相對的，兩者配合才可產生利用之效。以人而言，「無」代表了創造發明之可能性，亦即在「有」的基礎上，不自限於既定的模式，發揮創意與想像，由此推展文化的進步。譬如，車、器、室三者，都是人類發明之物，即是例證。不過，老子的重點不只在文化進展，而更在個人生命的安頓，因此「無」的用意在於不執著於有，亦即「非有」，由此常保心靈的獨立與自由。

第十二章

五色令人目盲；

五音令人耳聾；

五味令人口爽；

馳騁畋獵，令人心發狂；

難得之貨，令人行妨。

是以聖人為腹不為目，

故去彼取此。

區分 亂 避難 啟明

五行
(天八卦)
(巽)
(震)
(艮)
(坤艮)
(乾兌)
(坎)

木
火
土
金
水

38
72章也有

悟道致治者

五色……
五音……
五味……

〈白話〉

五種顏色讓人眼花撩亂；五種音調讓人聽覺失靈；五種滋味讓人口不辨味；縱情於狩獵作樂，讓人內心狂亂；稀有的貨品讓人行為不軌。因此，聖人只求飽腹而不求目眩，所以摒棄物欲的誘惑，重視內在的滿足。

〈解讀〉

①五色：青、赤、黃、白、黑。五音：宮、商、角、徵、羽。五味：酸、苦、甘、辛、鹹。感官欲望如果超過限度，變成求樂反苦。至於「心發狂」與「行妨」，更使人陷入困境，甚至會受到禮的約束與法的懲罰。

②聖人「為腹不為目」，應配合三章「聖人之治，虛其心，實其腹，弱其志，強其骨」並觀，可知其對象為百姓。換言之，聖人明白此一道理之後，採取適當的策略來治理百姓。

③老子「去彼取此」，但是社會發展卻顯然背道而馳，成了「去此取彼」，然後人生的

煩惱與痛苦層出不窮，以致不知將伊於胡底。其次，去與取之間，是否要以簡單的二分法來互相排斥？透過教育而使人民懂得節制，是否可行？這些都是值得思索的問題。「去彼取此」一語亦見於三十八章、七十二章。

寵辱若驚，貴大患若身。

因為别人給的

何謂寵辱若驚？

寵為下，得之若驚，失之若驚，是謂寵辱若驚。

何謂貴大患若身？

吾所以有大患者，為吾有身，

及吾無身，吾有何患？

結論

故貴以身為天下，若可寄天下，

愛以身為天下，若可託天下。

孔子
子絕四
毋意必故我
毋必
毋故
毋我

〈白話〉

得寵與受辱都好像受到驚嚇，重視大禍患如同重視身體。什麼叫做得寵與受辱都好像受到驚嚇？得寵是卑下的，獲得它時好像受到驚嚇，失去它時也好像受到驚嚇，這就叫做得寵與受辱都好像受到驚嚇。什麼叫做重視大禍患如同重視身體？我所以有大禍患，是因為我擁有這個身體，如果我沒有這個身體，我還有什麼禍患呢？所以重視身體超過天下的人，才可以把天下交付給他；愛惜身體超過天下的人，才可以把天下委託給他。

〈解讀〉

①得寵與受辱看似相反，但都是由別人發動而讓我來接受。寵辱由外而來，使我失去自主性，無法維持人格尊嚴，所以「若驚」。所謂「寵為下」，正是因為它非我所能控制，使我得失皆若驚。寵尚且如此，何況是辱？更何況寵與辱常有相關性。只有無寵無辱，才可長保平靜安詳。

②「貴大患若身」，因為身體是大禍患的來源。人有身體，由此產生無窮的欲望，要求

各種物質享受，以及世間的名利權位。這些東西的得與失，往往受制於外在條件，因而造成自己無盡的苦惱。在此，老子的建議是：與其等待大禍患降臨，不如調整自己對身體的觀念。對身體要「貴」要「愛」，其目的是要提醒與警惕自己不要陷於「大患」。如此才可以在治理天下時，以清靜無為的態度，使百姓不致陷於大患。

③「故貴以身為天下」一語，可參考《莊子．在宥》：「故貴以身於為天下，則可以託天下；愛以身於為天下，則可以寄天下。」其意為：「所以，重視自身超過天下的人，就可以把天下委託給他；珍惜自身超過天下的人，就可以把天下交付給他。」不過，莊子此語特別強調的是：君子治理天下時的「無為」態度。

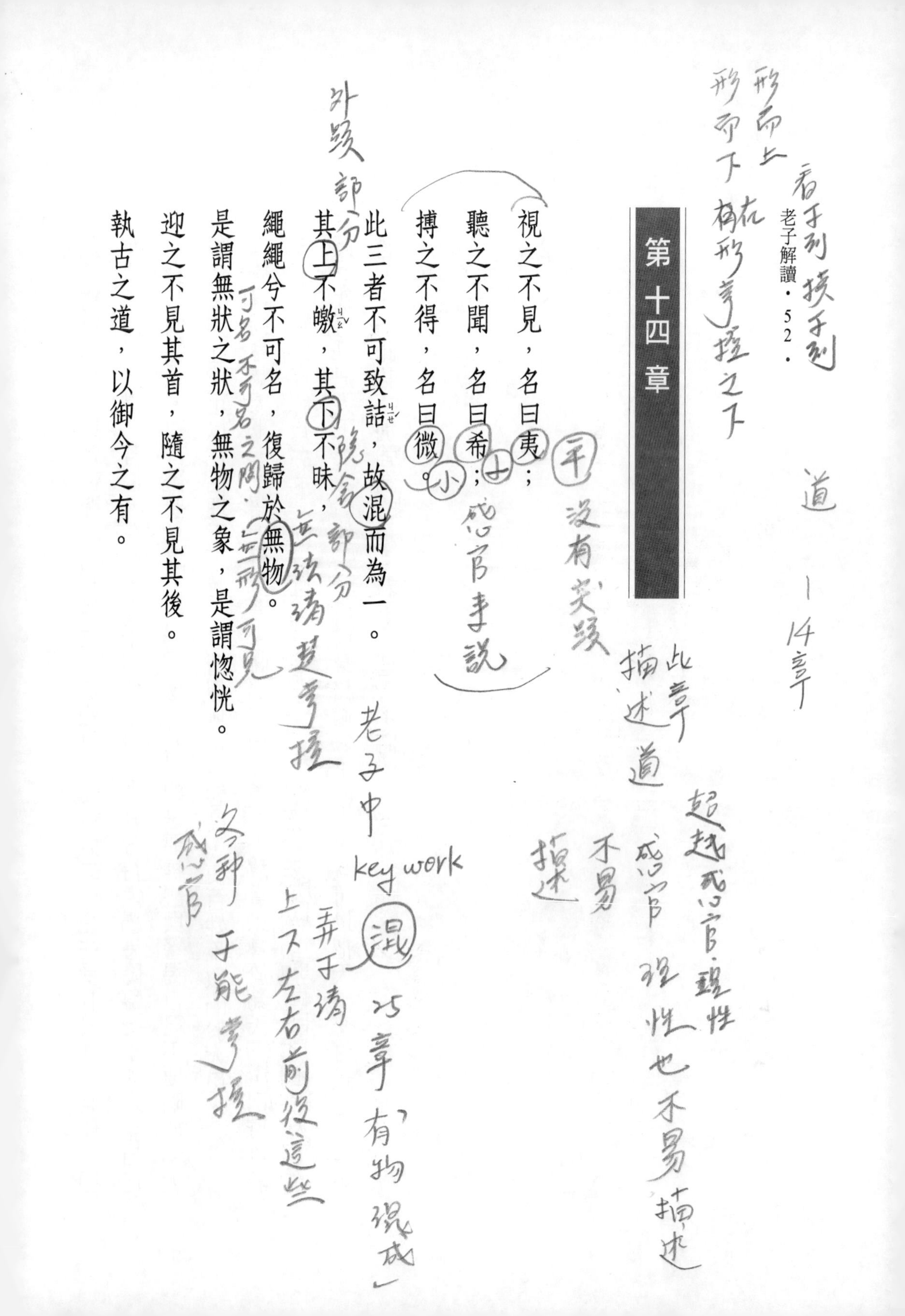

第十四章

視之不見，名曰夷；

聽之不聞，名曰希；

搏之不得，名曰微。

此三者不可致詰（ㄐㄧㄝˊ），故混而為一。

其上不皦（ㄐㄧㄠˇ），其下不昧，

繩繩兮不可名，復歸於無物。

是謂無狀之狀，無物之象，是謂惚恍。

迎之不見其首，隨之不見其後。

執古之道，以御今之有。

能知古始，是謂道紀。

〈白話〉

看它卻看不見，稱它為「夷」；聽它卻聽不到，稱它為「希」；摸它卻摸不著，稱它為「微」；這三方面都無法窮究底細，所以它是混然一體的。它外顯的部分並不明亮，隱含的部分也不晦暗，緜緜不絕的樣子無法為它定名，然後又回歸於空無一物。這叫做沒有形狀的形狀，沒有物體的形象，這叫做若有若無的惚恍。迎向它，看不見它的源頭；跟隨它，看不見它的後續。把握早已存在的道，可以用來駕馭當前的一切。能夠了解最早的開始，這叫做道的規律。

〈解讀〉

①本章所論，有關道體（或道的本身）。相關的描述有一章、四章、二十一章、二十五章、四十二章。人的感覺對此無能為力，只好承認道是「混而為一」的，這正是二十

五章所謂的「有物混成」。道是未分之整體，若隱若現；「不可名」是指不受理性思考能力的限制，最後只能以「無物」來描述。所謂「無物」，是說「道」並非世間任何一物，而不是說道是虛無的。

②以「惚恍」形容道，可參看二十一章。「惚恍」是指若有若無，無狀而又有狀，無物卻又有象。可知「道」並非虛無，而是無法加以描述。既不知它由何而來，也不知它往何而去。

③道是「自古以固存」，在一切之前即已存在。「以御今之有」一語，是老子的目標。人要如何面對、因應、處理當前一切具體事物？答案是「執古之道」，如此將不會執著於現象世界的得失與變化。至於「道紀」，則可以使人由此明白「古始」。詳情請參看二十五章。王弼注「古始」為「無形無名者，萬物之宗也。」他在注一章「無名」時說：「未形無名之時，則為萬物之始。」由此可見，他的理解合乎本章所說的「無狀之狀，無物之象」，並且「復歸於無物」並非虛無主義，而是指：超越了「有形有名」的萬物層次。

第十五章

古之善為道者，微妙玄通，深不可識。

夫唯不可識，故強為之容：

豫兮若冬涉川；猶兮若畏四鄰；

儼兮其若客；

渙兮其若釋；

敦兮其若樸；

曠兮其若谷；

混兮其若濁；

孰能濁以靜之徐清？

(手寫註記)

袁說如何

內斂　自在

悟道之人
謹慎謹慎收斂
自在自在
混同一切　沒有區分
散而新成

豫兮 / 猶兮 / 儼兮 → 內斂謹慎

渙兮 / 敦兮 / 曠兮 / 混兮 → 自在（合一）

沒有區分己　沒有混兮己

明智（聰明＋謹慎）
節制
正義

孰能安以動之徐生？

保此道者不欲盈。

夫唯不盈，故能蔽而新成。

〈白話〉

古代善於行道的人，精微奧妙而神奇通達，深刻得難以理解。正因為難以理解，所以勉強來形容他：小心謹慎啊，有如冬天涉水過河；提高警覺啊，有如害怕鄰國攻擊；拘謹嚴肅啊，有如在外作客；自在隨意啊，有如冰雪消融；淳厚實在啊，有如未經雕琢的木頭；空曠開闊啊，有如幽靜的山谷；混同一切啊，有如渾濁的河水；誰能在渾濁中安靜下來，使它漸漸澄清？誰能在安定中活動起來，使它出現生機？持守這種「道」的人，不會要求圓滿。正因為沒有達到圓滿，所以能夠一直去舊存新。

〈解讀〉

①「古之善為道者」，在此語中，「道」又作「士」（王弼本）。若參考類似語句（六十五章、六十八章），可知作「道」較為合適。並且，學者解說「士」時，多以「有道之士」或「行道之士」述之，可見仍以作「道」為宜。

②本章由七個角度描寫行道的人，大意不外乎戒慎恐懼、謙虛退讓、隨順自然、和光同塵。即使在動靜轉換之際，也要「徐」而為之。這代表他充滿生命力，可靜可動，但一定要配合各種條件，以漸進方式達成，毫無勉強之處。二十世紀德國哲學家海德格（M. Heidegger, 1889-1976）晚年嘗試翻譯《老子》為德文，但未成功；他請人為他寫的對聯是「孰能濁以靜之徐清？孰能安以動之徐生？」這兩句話提醒我們：老子思想兼顧動靜，由此更能深入理解悟道之方。

③「不欲盈」，因為「盈必溢也」（王弼注），並且「盈則虧」。若要不溢不虧，就須在尚未達到圓滿之前，自認為已經有所缺失（有如舊物），然後重新引發生命力。人生中的任何目標，由長程的眼光看來，都只是一個階段成就，因此人要一直處在去舊存新的狀態中，否則難以悟道，因為道是「周行而不殆」的（二十五章）。

第十六章

致虛極，守靜篤。

萬物並作，吾以觀復。

夫物芸芸，各復歸其根。

歸根曰靜，靜曰復命。復命曰常，

知常曰明。不知常，妄作凶。

知常容，容乃公，公乃全，全乃天，

天乃道，道乃久，沒身不殆。

〈白話〉

追求「虛」，要達到極點；守住「靜」，要完全確實。萬物蓬勃生長，我因此看出回歸之理。一切事物變化紛紜，各自返回其根源。返回根源叫做寂靜，寂靜叫做回歸本來狀態。回歸本來狀態叫做常理，了解常理叫做啟明。不了解常理，輕舉妄動，就會招致凶險。了解常理才會包容一切，包容一切才會大公無私，大公無私才會普遍周全，普遍周全才會合乎自然，合乎自然才會與道同行，與道同行才會保持長久，終身免於危險。

〈解讀〉

①虛之後，能空能明；靜之後，能安能觀。由此可以看出萬物的回歸路線。了解此一常理，叫做啟明。老子論「知」，有三個層次。一是以知為「區分」，造成相對的價值觀，隨之產生欲望與爭鬥；二是以知為「避難」，採取預防措施，以免陷入不必要的困擾中；三是以知為「啟明」，亦即了解道的運作規律，能虛能靜，無私無我，順其自然，全身保真。本章所論，為啟明之知。

②「復命」：回歸本來狀態。老子談「命」，當動詞用的有「夫莫之命而常自然」（五十一章），當名詞用的即在此處。「命」對人而言，是指既定的條件、無可奈何的發展，以及最後的結局。但是在此是對「物」（一切事物）而言，就指本來狀態或最後歸宿了。老子認為，本來狀態無異於最後歸宿，亦即「靜」。一切都歸於寂靜，這是恆常的道理。老子善於從結局來看萬物，顯示了解脫及超越的智慧。「明」（啟明）是老子對人的最高期許，由此建立了道家的修行目標。

③「天乃道」：合乎自然才會與道同行。何以如此？因為自然界的運作自成規律，不受人為因素所左右，顯然更為接近本來的狀態，因而也更能與道相契合。在此以「與道同行」一語來翻譯「道」，則是因為底下接著說「道乃久」，亦即可以行之久遠，並且沒身不殆。

④本章談的是人的修養方法，要虛要靜。以靜而言，其目的是為了看出道的運作方式，此時不可忽略四十章所謂的「反者道之動」，亦即：道有「獨立而不改」（靜的一面），也有「周行而不殆」（動的一面），參考二十五章。對人而言，則須由「虛靜」以觀道之全貌。

第十七章

太上，下知有之；
其次，親而譽之；
其次，畏之；
其次，侮之。
信不足焉，有不信焉。
悠兮其貴言。
功成事遂，百姓皆謂：我自然。

〈白話〉

最好的統治者，人民只知道有他的存在；次一等的，人民親近他並且稱讚他；再次一等的，人民害怕他；更次一等的，人民輕侮他。統治者的誠信不足，人民就不信任他。最好的統治者是那麼悠閒啊，他很少發號施令。等到大功告成，萬事順利，百姓都認為：我們是自己如此的。

〈解讀〉

①「下知有之」亦作「不知有之」，如此則指「人民不知道有他的存在」，但是由「不知」難以一躍而至「親而譽之」。其次，「百姓皆謂：我自然」一語，正是因為「知道有他的存在」，但不覺得受他統治。然後，統治者「貴言」而非「不言」，表示仍有統治之事實。最後，有些學者由此聯想到「帝力於我何有哉」一語，正好證明人民「知道」有帝力存在，只是不覺得自己受其擺布而已。因此，原文作「下知有之」較宜。

②由「太上」之下，連續三個「其次」，所描述的是等而下之的狀況。最理想的，是人民知道有統治者存在，但不覺得需要他來領導；第二等的，是統治者行仁政，人民「親而譽之」；第三等的，是統治者使用政令刑罰，人民「畏之」；第四等的是統治者胡作非為、全無章法，人民「侮之」，然後可能是天下大亂。

③「自然」一詞，所指的是「自己如此」的狀態，而不是一般人所說的「自然界」。古人談起自然界，常以「天地」（側重其廣大領域，如「天無不覆，地無不載」）或「萬物」（側重其具體內容）來說。有時專以「天」字指稱，則反映了古代思想演變的一項特色，請參考六章之解讀。另外，老子本書談及「自然」的，還有四處：二十三章「希言，自然」；二十五章「道法自然」；五十一章「夫莫之命而常自然」；六十四章「以輔萬物之自然而不敢為」。

④關於「百姓皆謂：我自然」一語，可參考《莊子．天地》：「大聖之治天下也，搖蕩民心，使之成教易俗，舉滅其賊心而皆進其獨志，若性之自為，而民不知其所由然。」其意為：「大聖人治理天下時，用的方法是放任民心，使他們成就教化、改變風俗，完全消除他們的害人念頭，而促成他們自得的志趣，就像是本性自動要這麼做，而他們並不知道何以如此。」

第十八章

大道廢，有仁義；
智慧出，有大偽；
六親不和，有孝慈；
國家昏亂，有忠臣。

〈白話〉

大道毀壞之後，才有所謂的仁義；智巧聰明出現，才有嚴重的虛偽；家人之間失和，才有所謂的孝慈；國家陷於昏亂，才有所謂的忠臣。

〈解讀〉

①「大道」是指究竟真實及其運作規律而言，「廢」是指被人們遺忘、背棄與毀壞。人們建立自己的一套價值觀，以「仁義」來互相期許及標榜。但是，仁義的行為耗費心力而不易持久，並且由此衍生出的假仁假義與不仁不義，更將造成世間的困擾。老子此說並不是為了批判或反對仁義，而是在陳述一個無可奈何的客觀事實。以下各句亦有此意。

②「智慧」一詞在此是指智巧聰明，為了爭奇鬥艷而虛偽不實。現在我們使用「智慧」一詞，則有肯定之義，如以哲學（Philosophy）為「愛好智慧」。在道家中，能體認「道」的要義，即是獲得了啟明的智慧。

③「六親」是指父、子、兄（姊）、弟（妹）、夫、妻。由於六親不和，才能分辨出誰是「孝慈」。若是沒有不和之事，則根本不需要所謂的孝慈。忠臣的情況亦是如此。換言之，老子並不是責怪孝慈與忠臣，而是在敘述客觀事實。

④王弼注特別提及：「魚相忘於江湖，相忘之道失，則相濡之德生也」。原文出於《莊

子・大宗師》：「泉涸，魚相與處於陸，相呴以溼，相濡以沫，不如相忘於江湖。」其意為：「泉水乾涸了，幾條魚一起困在陸地上，互相吹氣來溼潤對方，互相吐沫來潤澤對方。這實在不如在江湖中互相忘記對方。」「江湖」比擬大道，魚當然希望在江湖中自在悠游，彼此相忘；但是，奈何「泉水乾涸」，連泉水都沒有了，又奢談什麼江湖？人若悟道，則知其「無所不在」，形成一個唯一整體。泉水乾涸是自然界可能發生的現象，人之忘道則是人類自己造成的困境。

第十九章

絕聖棄智，民利百倍；

絕仁棄義，民復孝慈；

絕巧棄利，盜賊無有。

此三者以為文，不足。

故令有所屬：

見素抱樸，

少私寡欲。

〈白話〉

去除聰明與才智，人民可以獲得百倍的好處；去除仁德與義行，人民可以恢復孝慈的天性；去除機巧與利益，盜賊就不會出現。這三方面是用來文飾的，不足以治理天下。所以要讓人民有所依歸：表現單純、保持樸實，減少私心、降低欲望。

〈解讀〉

①老子書中，「聖人」一詞出現三十二次，代表悟道的理想統治者。但是，「聖」字單獨使用，或與「智」字並用時，則指「聰明」而言。王弼所謂的「聖智，才之善也」，即是此意。「絕聖棄智」之後，為什麼「民利百倍」？因為人民不再需要學習與競爭，更不必勾心鬥角，而可以活得自在快樂。

②「絕仁棄義」，因為仁義是相對的價值觀，容易使人向外尋求肯定，而忘記了內在的天性。「民復孝慈」一語，表示人民原本就會實踐孝慈。因此，「孝慈」有二解：一是「六親不和」（十八章），才使我們「知道」何謂孝慈。二是我們本來就會「實

踐」孝慈。這二者，一為認知，一為行動，其間並無矛盾之處。

③王弼對本章的解說是：「聖智，才之善也。仁義，行之善也。巧利，用之善也。而直云絕。文甚不足，不令之有所屬，無以見其指，故曰此三者以為文而未足，故令有所屬，屬之於素樸寡欲。」

④「文」，文飾，意指在出現困難之後，想辦法解決。這三方面所說的是絕與棄，不但「不大可能」做到，並且過於消極。因此要讓人民從具體可行的地方去努力，就是見素抱樸與少私寡欲。「素」是未經染色的絲，「樸」是未經雕琢的木。

⑤關於「絕聖棄智」一語，可參考《莊子．胠篋》：「故絕聖棄知，大盜乃止；擿玉毀珠，小盜不起。」

⑥關於「寡欲」，儒家的孟子也說：「養心莫善於寡欲。」（《孟子．盡心下》）

第二十章

絕學無憂。

唯之與阿，相去幾何？

美之與惡，相去若何？

人之所畏，不可不畏。

荒兮，其未央哉！

眾人熙熙，如享太牢，如春登臺。

我獨泊兮，其未兆，如嬰兒之未孩，

儽儽兮，若無所歸。

眾人皆有餘，而我獨若遺。

我愚人之心也哉，

沌沌兮（ㄉㄨㄣˋ）！俗人昭昭，我獨昏昏。

（俗人察察，我獨悶悶。

澹兮其若海（ㄉㄢˋ），

飂兮若無止（ㄌㄧㄠˊ）。

眾人皆有以，而我獨頑且鄙。

（我欲獨異於人，而貴食母。）
內不化

〈白話〉

和光同塵（外化）承先啟後

獨立山頭我爭峰

都相建的

（去除知識，就沒有了煩惱）。奉承與斥責，相差有多少？美麗與醜陋，差別又有多遠？眾人所畏懼的，我也不能不害怕。遙遠啊，差距像是沒有盡頭！眾人興高采烈，有如參加豐盛筵席，有如春天登臺遠眺。唯獨我淡泊啊，無動於衷，好像還不懂得嬉笑的嬰兒，孤孤單單啊，好像無處可去。眾人都綽綽有餘，唯獨我好像有所不足。我真是愚人的心思啊！渾渾沌沌啊！世人都炫耀光彩，唯獨我暗暗昧昧。世人都精明靈巧，唯獨我昏昏沈沈。遼闊啊，好像無邊大海。飄盪啊，好像無所棲息。眾人都有所施展，唯獨我頑固又閉塞。我所要的，就是與別人都不同，重視那養育萬物的母體。

〈解讀〉

①「絕學無憂」，因為有知就有欲。世人的知在於「區分」各種價值，但是這樣的區分往往帶來煩惱。本章的「我」，是指求道之人，在與眾人相比之下，顯得孤單、落寞、愚笨而頑固。表面看來，眾人或俗人占盡一切優勢，在世間如魚得水；但是，他們脫離了「母體」，下場終究是一場空。

②「唯之與阿」：「唯」是敬諾，「阿」是慢應，分別代表晚輩與長輩的應對方式。「未央」描寫相距遙遠，有如無盡。「太牢」為古代具備牛、羊、豕三牲的祭典，指豐盛筵席。「如嬰兒之未孩」：「孩」為咳，小兒嘻笑聲。「而我獨若遺」：「遺」通匱，不足也。「眾人皆有以」，王弼注：「以，用也，皆欲有所施用也。」

③「我欲獨異於人」一語中的「欲」字，是據帛書甲、乙本及王弼注而加上的。由此可知老子並不反對「有欲」（參考一章），只是這種「欲」必須以正確的「知」為前提，然後所欲者是「貴食母」。「食母」的「母」字，應指「道」而言。

第二十一章

萬物充塞

孔德之容，惟道是從。

道之為物，惟恍惟惚。

惚兮恍兮，其中有象；

恍兮惚兮，其中有物；

窈兮冥兮，其中有精；

其精甚真，其中有信。

自今及古，其名不去，以閱眾甫。

吾何以知眾甫之狀哉？以此。

破除虛無

從道所獲得

道而德 萬物得之于道也

① 道無形，動于物之功能為德

② 道生萬物，在物中表現之屬性

③ 形而上之道，落實到人生為德

萬物作用功能

日月星辰
山河大地
花草樹木
鳥獸蟲魚

〈白話〉

大德的表現，完全跟隨著道。道這種東西，是恍恍惚惚的。惚惚恍恍啊，其中卻有某種形象；恍恍惚惚啊，其中卻有某種物體。深遠暗昧啊，其中卻有精微之氣；精微之氣極為實在，其中竟有可靠驗證。從現在上溯到古代，它的名字不會落空，根據它可以觀察萬物的本源。我怎麼知道萬物的本源是什麼樣子呢？根據就在這裏。

〈解讀〉

①「孔德」，大德。「德」有二解：一是萬物由道所「獲得」的存在條件，如本性、稟賦。二是萬物依此而有的「表現」或樣態。因此，「孔德」是由全面觀照所見的萬物表現。但是，對人而言，在「表現」方面有思考、判斷及選擇的可能性，也因而產生有德、無德的問題（參考三十八章）。

②本章對「道」的描寫，看似恍恍惚惚（若有若無、若隱若現的樣子），但是其中又「有象、有物、有精、有信」。由此可知，道不但不是虛無，反而是最真實的「存

有」（Being），與一般的存有物（beings，亦即萬物）是截然不同的。簡單說來，道是究竟真實，不隨著萬物的變化生滅而有任何改變。感覺無法捕捉道，理智也無法認識道，因為道是統合一切的整體，從不顯示為特定的客觀對象。

③「其名不去」，因為道一旦有了「道」的這個名稱，雖然難以捉摸，但絕不會落空。不僅如此，根據這個名字，可以了解萬物的本源（眾甫，意即眾父）。請參考二十五章，以及一章、四章、十四章、四十二章。

④關於「惟恍惟惚」一語，可參考《莊子．天地》：「視乎冥冥，聽乎無聲。冥冥之中，獨見曉焉；無聲之中，獨聞和焉。故深之又深而能物焉；神之又神而能精焉。」其意為：「看過去一片昏暗，聽起來毫無聲響。一片昏暗之中，只有他見到了光明；毫無聲響之中，只有他聽到了和音。所以，在無比深遠之處，卻有東西存在；在無比神妙之境，卻有真實存在。」

第二十二章

曲則全，枉則直，

窪則盈，敝則新，

少則得，多則惑。

是以聖人抱一為天下式。

不自見，故明；

不自是，故彰；

不自伐，故有功；

不自矜，故能長。

夫唯不爭，故天下莫能與之爭。

古之所謂曲則全者，豈虛言哉！誠全而歸之。

〈白話〉

彎曲才可保全，委屈才可伸展，低窪將可充滿，敝舊將可更新，少取反而獲得，多取反而迷惑。因此，聖人持守著「道」，來作為天下事物的準則。不局限於所見，所以看得明白；不以自己為對，所以真相彰顯；不誇耀自己，所以才有功勞；不仗恃自己，所以才能領導。正因為不與人爭，所以天下沒有人能與他相爭。古人所說的，「彎曲才可保全」這些話，怎麼會是空話呢！真的能讓人得到保全，善度一生。

〈解讀〉

①「曲則全」等六句，範圍涵蓋自然與人事，但由「多則惑」來看，應以人事為主。譬如颱風時，大樹彎曲才可保全；下雨時，地上凹洞將可滿溢。移用到人間，則例證更

多。「少則得」，可以解為：因為少，所以還有成長空間；也可以解為：因為少，所以完全吸收消化，有如「念書在精不在多」。「多則惑」，是因為無法理出頭緒。「則」這個字，有辯證法上的正反互動之意，也有經驗界的正反對待或相反相生之意，如「物極必反」。

②聖人所抱之「一」，是指統一的整體，亦即由整體來看變化，則一切都是相對的，因此不必執著，更無所排斥。「一」是對「道」的一種描述。「抱一」亦見於十章。

③「不自見，故明」。老子談到「明」的還有「知常曰明」（十六章）、「自知者明」（三十三章）、「見小曰明」（五十二章）等處。以各種方式肯定「明」（啟明之境），其意在於提醒我們覺悟智慧的重要。

第二十三章

道的角度來看

希言，自然。

故飄風不終朝，驟雨不終日。

孰為此者？天地。

（天地尚不能久），而況於人乎？

故從事於道者，同於道；

德者，同於德；　本性

失者，同於失。

同於德者，道亦德之；

同於失者，道亦失之。

選擇作為是于足與本性配合
發展 配合本性或 違背了本性

放在自然学之後
meta-physics
　形上学
　無形可見
　于變化的本体
　永恒于變的本体
（自然学）有形可見、充满变化

Deus pecunia est.

德
2. 萬物都有德 本性
1. 順著人的德行（找到別人道馬閣佳）
本性上德行
培養

信不足焉，有不信焉。

〈白話〉

少說話，才合乎自己如此的狀態。所以狂風不會持續吹一早上，暴雨不會持續下一整天。是誰造成這種現象呢？是天地。連天地的特殊運作都還不能持久，何況人呢？所以，積極求道的人，與道同行；修德的人，所認同的是有德；失德的人，所認同的是無德。認同有德的人，道也會獲得他；認同無德的人，道也會失去他。統治者的誠信不足，人民就不信任他。

〈解讀〉

①「希言」，少說話。以統治者而言，是少頒政令，讓一切自己如此。如果統治者力求有為，就會像「飄風」、「驟雨」一樣，無法持久生效。類似的觀點是「貴言」（十七章）。當然，最理想的是「不言」（二章）。

②「天地尚不能久」，是就其特殊運作（如飄風、驟雨）而言，所以與「天長地久」（七章）並無矛盾。事實上，從「天長地久」的角度來看，飄風、驟雨並未超出生態平衡的範圍。老子藉此比喻統治者的有心造作必定歸於失敗，至於威迫百姓的暴政，則更不可能長久。

③「同於德者」以下四語，在王弼本是「同於道者，道亦樂得之；同於德者，德亦樂得之；同於失者，失亦樂得之。」王弼注曰：「言隨其所行，同而應之」，這似乎重複了前一句的意思，並且三者都是「樂得之」，又有何「得失」之辨？因此，本文據帛書乙本改之。其次，「德」是指「萬物得之於道者」；「同於德者」是指順著萬物的本性與稟賦去行動。「同於失者」，則是倒行逆施，有如飄風驟雨，成了失德或無德，結局當然是自取敗亡了。

④「信不足焉，有不信焉」一語亦見於十七章，在此可能是重出。

第二十四章

企者不立；
跨者不行；
自見者不明；
自是者不彰；
自伐者無功；
自矜者不長。
其在道也，曰餘食贅形，
物或惡之，故有道者不處。

〈白話〉

踮起腳跟，無法站得久；跨步前進，無法走得遠；局限於所見，就看不明白；以自己為對，就遮蔽真相；誇耀自己的人，沒有功勞；仗恃自己的人，無法領導。從道的觀點來看，這些可說是剩飯與贅瘤。人們都厭惡這樣的作為，所以悟道的人不會如此。

〈解讀〉

①企者與跨者都是存著特定目的（立與行），因而有所作為，但由於超過常態，結果適得其反。老子對於「順其自然」的強調，亦由此可見。

②「自見者不明」等四語，與二十二章相互呼應。由道看來，「立、行、明、彰、功、長」，是常態現象，只須排除刻意造作以及自我中心，就會一一達成。但是，這並不是容易的事，世間之人少有不畫蛇添足、自尋煩惱者。

③「有道者」是指悟道的人，每一個人都有可能成為有道者。在老子書中，「聖人」、「吾」、「我」，都是指有道者而言，言行表現也有異曲同工之妙。「物或惡之」的

「物」，指人們而言。

④「自伐者無功」一語，亦見於《莊子・山木》：「大成之人曰：『自伐者無功。』」

第二十五章

有物混成，先天地生。

寂兮寥兮，獨立而不改，

周行而不殆，

可以為天下母。

吾不知其名，強字之曰道，強為之名曰大。

大曰逝，逝曰遠，遠曰反。

故道大，天大，地大，人亦大。

域中有四大，而人居其一焉。

人法地，地法天，

（手寫批註）

從此角度看 一切平等

道在心靈手超越，內在的

存在之物

超越性

超越 不隨萬物變化而變化

柏拉圖

內存

最根本的

用道：說明他所見到

老子道和萬物完全不一樣

信仰
我還不知道
道
我還沒體驗
信 → 改變生命

科學 你所知道 知道
拉了之 知道
說透徹 就是 知識

science
scientia
scine ?
✓

亭績新架些
象形文字

人的智慧可能到 無限大的程度

人的心靈

天體 天時

天法道，道法自然。

〈白話〉

有一個混然一體的東西，在天地出現之前就存在了。寂靜無聲啊，空虛無形啊，它獨立長存而不改變，循環運行而不止息，可以作為天下萬物的母體。我不知道它的名字，勉強叫它做「道」，再勉強命名為「大」。它廣大無邊而周流不息，周流不息而伸展遙遠，伸展遙遠而返回本源。所以，道是大的，天是大的，地是大的，人也是大的。存在界有四種大，而人是其中之一。人所取法的是地，地所取法的是天，天所取法的是道，道所取法的是自己如此的狀態。

〈解讀〉

①本章是老子談「道」的關鍵之作。「有物混成」，意即「道」是一個混沌未分之整體。「先天地生」，因為天地是已分的結果。道之先於天地，並非時間上的先後，因

為天地之前無從計較時間久暫；而是邏輯上的先後，亦即天地非由自生，所以需要一「自生者」為其基礎。「自生者」在西方哲學中，稱為「自因」（Causa sui），而「自因」是上帝（God）或存有（Being）之首要條件。此外其他一切皆為「他因」。

②「獨立而不改，周行而不殆」一語，表示：一、道是絕對的「一」，不會因為任何緣故而變化，而這正是「超越界」（Transcendence）的基本界說；二、道是周行不殆，遍在一切之中的，亦即道不離內存界（Immanence）。內存界（或內在界）所指，為有形可見而充滿變化的天地萬物（自然界的一切）；超越界所指，為自因而恆存的道。若無道，則萬物無從存在；若無萬物，則道亦無由彰顯。這就是「道」之既超越又內存的性格。

③「道」這個名稱是勉強取的。中西哲人在面對超越界時，都有勉強取名的情況。因此，我們對於「存有」或「上帝」也不必過於執著於名相。

④「域中有四大」，在此「域」不能指宇宙，因為宇宙是時間與空間所合成的整體，而「道」並非時空所能局限。或可能勉強譯為「存在界」，以與虛無區隔。其次，何以稱為「四大」？因為由上文的「大」，經過逝、遠、反這三個步驟，可知這是由道而展現的四大領域。事實上，只有「道」是唯一的大。「人居其一」，是為了提醒人：

不可因為生命短暫脆弱而失去信心，卻應該由「人地天」一步步提升，達成與道冥合的至高境界。

⑤「人法地」，地指地利或具體自然環境；由「人法地」可以保障人的生存，並學習合宜的生活法則。「地法天」，是由人的觀點，想要找到地的法則之緣由；天指天時或宇宙中的規律。「天法道」，這也是由人的觀點，向上追溯到天的依歸，由此體悟了道（如不爭、無為等）。最後，「道法自然」，「自然」是自己如此的狀態，所以任何一物若是保存「自己如此的狀態」，就是「與道同行」。河上公說：「道性自然，無所法也。」即是此意。

⑥關於「有物混成」一語，可參考《莊子．天地》：「泰初有無，無有無名。一之所起，有一而未形。」其意為：「在最起始的時候，只是『無』存在，尚未出現『有』也尚未出現『名』。這就是『一』的由來，混同為一而尚未具體成形。」本書十四章有「混而為一」一語，可供對照。

第二十六章

重為輕根，靜為躁君。

是以君子終日行不離輜重，

雖有榮觀，燕處超然。

奈何萬乘之主，而以身輕天下。

輕則失根，躁則失君。

〈白話〉

重是輕的根本，靜是動的主宰。因此君子整天行路，都不離開載物的車輛，雖然享受尊榮，卻不會沈溺其中。為什麼萬乘大國的君主，還以輕率態度治理天下呢？輕舉將會失去根本，妄動將會失去主宰。

別人給的

重為輕根　根本厚重

靜為躁君　平常　主宰

養成好習慣
讓自己喜歡自己

愉快相處
→子執書

〈解讀〉

①「重為輕根」，重物可以承載輕物，若是頭重腳輕，必然無法站穩。「靜為躁君」，靜止可以主導躁動，因為躁動無法持久，必然回歸靜止。

②「君子」一詞，有作「聖人」者（王弼本）。「輜重」：軍中載運糧食裝備的車。離開輜重，則無法遠行，更不可能戰勝。「君子」若指卿大夫，「萬乘之主」則是各國諸侯。「君子」一詞亦見於本書三十一章。「燕處」，安居也。

③「重」有厚重、穩重、沈著、謹慎之意。「靜」有安靜、靜止、無為、超然之意。統治者有了權位之後，難免心浮氣躁，輕舉妄動，造成天下大亂。

君子：有修行基礎
聖人：悟道統治者

第二十七章

1 善行無轍迹；

2 善言無瑕讁；

3 善數不用籌策；

4 善閉無關楗而不可開；

5. 善結無繩約而不可解。

是以聖人常善救人，故無棄人；

常善救物，故無棄物。

是謂襲明。

故善人者，不善人之師；

蕭規曹隨

我別人弱點
對症下藥

慈

不善人者，善人之資。

不貴其師，不愛其資，雖智大迷，是謂要妙。

〈白話〉

善於行走的，不會留下痕迹；善於說話的，沒有任何瑕疵；善於計算的，不必使用籌碼；善於關閉的，不用栓鎖別人也開不了；善於捆綁的，不用繩索別人也不能解。因此，聖人總是善於幫助人，所以沒有被遺棄的人；總是善於使用物，所以沒有被丟棄的物。這叫做保持啟明狀態。因此，善人是不善人的老師，不善人是善人的借鏡。不尊重老師，不珍惜借鏡，即使再聰明也免不了陷於困惑，這是個精微奧妙的道理。

〈解讀〉

①前面五善，可以經由熟能生巧或順其自然來達成。只要無心於為，就會有出其不意的神奇效果。

一切都丰自於道，沒有完全無用的物，沒有完全無用的人

②聖人是悟道者與行道者。既然一切皆源自於道，則天下豈有棄人與棄物？事實上，「棄」或「不棄」常是由人的眼光所下的判斷，而人所見者既短淺有限又不夠周延。「襲明」：「襲」有承襲、含藏、保持之意。「明」是人的啟明狀態，總與「道」有所關聯。

③善人為「師」，不善人為「資」，兩者合稱「師資」，正有互相學習、期許、珍惜之意。由於今日學問分類細密，在此為師者，在彼則為資，兩者相互需要，而不必涉及善與不善。「雖智大迷」是我們應該自我警惕者。

第二十八章

知其雄，守其雌，為天下谿。
為天下谿，常德不離，復歸於嬰兒。
知其白，守其辱，為天下谷。
為天下谷，常德乃足，復歸於樸。
樸散則為器，
聖人用之，則為官長。
故大制不割。

〈白話〉

知道雄強的好處，卻守住雌柔的位置，這樣可以做為天下的僕役。做為天下的僕役，就不會離開恆久的德，再由此回歸嬰兒的狀態。知道光明的好處，卻守住暗昧的位置，這樣可以做為天下的山谷。做為天下的山谷，才可以滿足恆久的德，再由此回歸真樸的狀態。真樸的狀態分散為具體的器物，聖人依循這個原則，建立了管理與領導。所以完善的政治是不去割裂的。

〈解讀〉

①本章文句在「知其白」與「守其辱」之間，或許有一小段，即「守其黑，為天下式。為天下式，常德不忒，復歸於無極。知其榮，」。其意為「守住黑暗的位置，做為天下的用具。做為天下的用具，恆久的德就不會偏差，再由此回歸無窮的境界。知道榮耀的好處，」。在此，「式」即「栻」，為古人占卜用的器具；如此才可與「谿」、「谷」之卑下含意並列。有些專家依《莊子・天下》引文，認為此一小段為衍文。本

章取消此段，理由有三：一是「知其白，守其辱」一語，「辱」為黑垢，與「白」相對，四十一章有「大白若辱」一語可供參照，不必另增「黑」字底下數語。二是「復歸於嬰兒」與「復歸於樸」，分別指涉人與物的原始狀態，不必再增其他說法。三是如果加上「復歸於無極」，則「無極」一詞難以得到合理解說。

②「谿」與「谷」為譬喻用字，所指涉的都是「常德」的某種狀態。「谿」若作「溪」解，與「谷」意近；若作「奚」解，則指古代奴僕，如此亦合乎「守雌」之意。

③「常德」，恆久的德，亦即由「道」所獲得的本性與稟賦。由「常德不離」與「常德乃足」二語，可知我們處在「離」與「不足」的困境中。保持常德，就可以復歸於「嬰兒」或「樸」。嬰兒代表純真的原始狀態，樸代表未經加工的原木。

④「聖人用之」，在此，「之」是指明白「樸散則為器」的道理，亦即治理時不去割裂，使萬物可以返樸歸真。

⑤《莊子．天下》有：「知其雄，守其雌，為天下谿；知其白，守其辱，為天下谷。」

第二十九章

將欲取天下而為之，吾見其不得已。

天下神器，不可為也，不可執也。

為者敗之，執者失之。

故物或行或隨；或噓或吹；

或強或羸；或培或墮。

是以聖人去甚、去奢、去泰。

〈白話〉

想要治理天下而有所作為，我看他是不能達到目的了。天下是個神妙之物，對它不可以有為，不可以控制。有為就會落敗，控制就會失去。所以，一切事物，有的前行，有的後隨；

順其自然、了解每一人狀況

子受外在事物控制，我能做什麼
自己決定、

君子自重：
誰需別人了解自己了解自己就好

有的性緩，有的性急；有的強壯，有的瘦弱；有的成功，有的失敗。因此，聖人要去除極端，去除奢侈，去除過度。

〈解讀〉

①「天下神器」：「天下」是指人間所構成的整體；如果統治者有心治理，那麼結局一定難以周全，不是顧此失彼，就是無法久安。在此，「不得已」的「已」為語助詞，所說為無法達到目的之意。王弼說：「萬物以自然為性，故可因而不可為也，可通而不可執也。」

②「物」是一切事物，在此特別指涉「人」的世界而言。世間一切各有其特色，在參差不齊中保持了整體的均衡，此即「神器」之妙用。因此，最須戒惕的是「人為造作」。如果因而擾亂了自然秩序，則將天下大亂。聖人的「三去」，只是想要回復自然狀態而已。

第三十章

以道佐人主者，不以兵強天下。

其事好還。

師之所處，荊棘生焉。

大軍之後，必有凶年。

善者果而已，不以取強。

果而勿矜，果而勿伐，果而勿驕，

果而不得已，果而勿強。

物壯則老，是謂不道，不道早已。

此章果：有結果就好

連讀五次

在心魔過兒：子妥迁於認為壯大

〈白話〉

用「道」來輔佐國君的人，不會靠兵力在天下逞強。打仗這種事，總會得到報應。軍隊所過之處，長滿了荊棘。大戰之後，必定出現荒年。善於用兵的人，只求達成目的，而不靠兵力來逞強。達成目的卻不自負，達成目的卻不誇耀，達成目的卻不驕傲，達成目的卻出於不得已，達成目的卻不逞強。事物壯大了，就會趨於衰老，這就叫做不合乎道。不合乎道，很快就會消逝。

〈解讀〉

①本章背景為國與國之間的勢力消長。訴諸武力與戰爭，是下下之策。「其事好還」的例證，古今皆有。如果「不得已」（無可奈何），就求「果」（以武力保存現狀，以便繼續生存），達成目的就夠了，千萬不可逞強。古代社會，兵出於農，一旦征伐，收成必差，凶年必至。

②「果而勿矜」等五語，皆為戒惕。但是世間戰勝之國如何可能做到？即使是體育競賽

獲勝，也常見到得意忘形，以致樂極生悲的例子。

③「物壯則老」有二種情況：一是自然產生的，有如生老病死是人生之路；二是在世間爭勝時的表現，難免盛極而衰。以上二者皆為客觀事實。所謂「不道」，則有評價之意，亦即不合乎道。關鍵在於：是否有意或刻意去爭勝，並且在成功之後，念念不忘，到處炫耀？

④「物壯則老」三語亦見於五十五章。

第三十一章

夫兵者，不祥之器，
物或惡之，故有道者不處。
君子居則貴左，用兵則貴右。
兵者不祥之器，非君子之器，
不得已而用之，恬淡為上。
勝而不美，而美之者，是樂殺人。
夫樂殺人者，則不可得志於天下矣。
吉事尚左，凶事尚右。
偏將軍居左，上將軍居右。言以喪禮處之。

殺人之眾，以悲哀泣之，戰勝以喪禮處之。

〈白話〉

武力是不吉利的東西，人們都厭惡它，所以悟道的人不接納它。君子平時重視左方，使用武力時就重視右方。武力是不吉利的東西，不是君子的工具，如果不得已要使用它，最好淡然處之。勝利了不要得意，如果得意，就是喜歡殺人。喜歡殺人的人，就不可能在天下得到成功。吉慶的事以左方為上，凶喪的事以右方為上。副將軍站在左邊，上將軍站在右邊。這是說，作戰要依喪禮來處置。殺人眾多，要以悲哀的心情來看待，戰勝要依喪禮來處置。

〈解讀〉

①本章代表老子的反戰思想。戰爭對人類的威脅是無可比擬的，因此哲人智士大都是反戰的；但是，像老子一樣，把戰勝當成喪禮的，則極為罕見。

②「夫兵者」，王弼本作「夫佳兵者」，今依帛書甲、乙本而改。

③「貴左、貴右」之說，大概源於古人認為「左陽右陰」，陽主生而陰主殺，因此戰爭、凶事、主持戰爭的上將軍都居右。這一說法涉及古代禮儀，不易深究。

第三十二章

道常無名，樸。

雖小，天下莫能臣。

侯王若能守之，萬物將自賓。

天地相合，以降甘露，民莫之令而自均。

始制有名，

名亦既有，夫亦將知止。

知止可以不殆。

譬道之在天下，猶川谷之於江海。

〈白話〉

道永遠是無名的，處於真樸的狀態。雖然細微，天下沒有人能夠收服它。侯王如果能守住它，萬物將會自動歸附。天地之間陰陽之氣相合，就降下甘露；人民不需要靠君王的命令，就自動均衡。萬物開始出現，就有了名稱；名稱既已產生，就會知道適可而止，知道適可而止，就可以避免危險。以道在天下的情況來說，就像江海為河川所歸。

〈解讀〉

①道之無名，在一章曾經談過。「樸」為真樸狀態，由於無名未形，可用細微之「小」（「至大無外，至小無內」，樸為未分之物，可稱之為至小）來描述。三十七章有「無名之樸」一詞，可相參照。四十一章有「道隱無名」一語。

②「天地相合」一語，表示萬物自己如此運作。推及人間，也會自己保持均衡。

③「始制有名」是為了回應「道常無名」一語，有如一章所云：「無名，萬物之始；有名，萬物之母」。至於「知止」，則有勸人各依其名，各安其分的意味，要由「區分之知」走向「避難之知」（參考十六章之解讀）。

第三十三章

1 （知人者智，自知者明。）

聰明（짜마） 明白的明
覺悟（對以）

2 （勝人者有力，自勝者強。）

此章 一季到座右銘

3 （知足者富。）

致富的最佳途徑,知足（沒什麼需要）

（強行者有志。） 4

肯定的理想.

不失其所者久，在那出生在那生活.

死而不亡者壽。

做自己主人
傻傻子做
控制自己
我想怎麼做

了解自己能耐

〈白話〉

了解別人的是聰明，了解自己的是啟明。勝過別人的是有力，勝過自己的是堅強。知道滿足的是富有，堅持力行的是有志。不離開根據地的才會持久，死了而不消失的才算長壽。

〈解讀〉

①關於「明」，有「知常」（十六章）、「不自見」（二十二章）、「見小」（五十二章）等，都是指「啟明」而言，表示它不是一般的聰明才智，而是化解執著之後，走向悟道境界的啟明。老子的「知」，除了強調區分與避難之外，目標即是此一啟明。

②「自勝者強」，因為真正的強者是可以自我作主的人。依此而論，世間未必人人有力，但是人人皆可以成為強者。老子對人的期許雖然不易達成，但無疑是均等的。

③「強行者」是指「勤而行之」（四十一章）的人，亦即堅持力行，也可以說是勉強而行。真正的志向在於追求悟道，除了強行別無捷徑。

④「不失其所」的「所」，是指本性與稟賦而言，亦即只有守住「德」，才有可能持久。至於「死而不亡」，則有二解：一是精神長存，足供後人景仰效法；二是回歸道體，則將永不消逝。人若未能悟道，則身死如燈滅，因為真正恆存的只有道。

第三十四章

大道氾兮，其可左右。

萬物恃之以生而不辭，

功成而不有。衣養萬物而不為主，

常無欲，可名於小；

萬物歸焉而不為主，可名為大。

以其終不自為大，故能成其大。

〈白話〉

大道像氾濫的河水啊，周流在左右。萬物靠它生存而它不干涉；成就一切而不居功。養育萬物而不加以主宰。它永遠保持無欲狀態，可以說是小；萬物都來歸附，它也不加以主宰，

（頁邊手寫註記）

道——超越性

此章非常浮到

此章獨立而不改（沒有變化）

子隨萬物變化而有變化

就是超越

形容道無所不在

而存性：在萬物裡面，包含萬物

萬物都有道

道無所不在

有光悟能力處可見道

可以說是大。由於它從不自以為大，所以能夠成就它的大。

〈解讀〉

①「氾」之一字，描寫道像洪水，流遍各處，分不清在左在右。這正是「周行而不殆」（二十五章）的生動引申。道對萬物「不辭、不有、不為主」，因為道除了具備「內存性」，還有「超越性」的一面，既不能也不必介入萬物的具體實況。

②「常無欲」三字，專家認為是衍文，但帛書甲、乙本皆有「恆無欲也」。何以名之為「小」？因為「無欲」有如「至小無內」，不能也不必容下任何東西。何以名之為「大」？因為萬物歸附而它卻若無其事，好像有無限的容量（「至大無外」）。

第三十五章

執大象，天下往。〔往〕

往而不害，安平太。

（樂與餌，過客止。）

道之出口，淡乎其無味，

視之不足見，聽之不足聞，

用之不足既。

〈白話〉

守住最大的形象，天下人都來歸附。都來歸附而不互相傷害，就安樂太平到極點。樂聲與美食，會讓過客留步。而「道」如果說出口來，卻淡得沒有味道，看它卻看不見，聽它卻

(手寫註記：歸往　道包含保、萬物　慈愛　道：如存萬物·子張揚　選擇　罪過　又自道成　最平等)

聽不到，用它卻用不完。

〈解讀〉

①「大象」，老子多次以「象」形容「道」的狀態，如「其中有象」（二十一章），「無物之象」（十四章），「大象無形」（四十一章）等。「象」即是「像」，可譯為「形象」。「大象」用來描述道，代表道被人觀察到的一面。大象無所不容，所以「天下往」。

②與「樂與餌」相比，道是淡而無味的，最平常的即是道。針對人的視與聽，它是無形無聲的大象，但是「用之不足既」才是重點所在。世間的禮樂教化（樂）與物質享受（餌），不但有時而窮，並且常有後遺症。

第三十六章

將欲歙之，必固張之；
將欲弱之，必固強之；
將欲廢之，必固舉之；
將欲取之，必固與之。
是謂微明。
柔弱勝剛強。
魚不可脫於淵，
國之利器不可以示人。

〈白話〉

將要收斂它，必須暫且擴張它；將要削弱它，必須暫且強化它；將要廢棄它，必須暫且抬舉它；將要奪取它，必須暫且給與它。這叫做微妙的啟明。柔弱勝過剛強。魚不可以離開深淵，國家的有利武器不可以向人炫耀。

〈解讀〉

①本章前四句看似有些權謀，事實上呢？四個「固」字通「姑」，為暫且之意。這些更可能是長期觀察世間現象的心得描述。由物極必反，勢盛則衰的角度看來，或者從超越時空的眼光來看，柔弱與剛強不是像鐘擺的兩端輪流上陣嗎？奈何世人只見其一。因此能由柔弱一面去理解的，稱為微妙的啟明。

②「柔弱勝剛強」，何以算是啟明？因為世人在表面上只看到剛強勝柔弱，而不知柔弱之可長可久，安全無虞。「魚不可脫於淵」，魚比喻統治者，「淵」比喻使魚得活之水，亦即至為柔弱的狀態。相關思想見七十八章「弱之勝強，柔之勝剛」；七十六章

「堅強者死之徒，柔弱者生之徒。」

③「國之利器」，是指上述微明所代表的智慧。為何「不可以示人」？因為一般人缺乏微明，將會把它當成權謀，藉此達成個人偏差的欲望，而完全背離了老子立說的原意。

第三十七章

道常無為而無不為。

侯王若能守之，萬物將自化。

化而欲作，吾將鎮之以無名之樸。

無名之樸，夫亦將不欲。

不欲以靜，天下將自定。

〈白話〉

「道」總是無所作為，但是又沒有東西不是出於它的作為。侯王如果能持守它，萬物將會自行化生。萬物化生而有人想要有所作為時，我就用無名的真樸狀態來安定他。無名的真樸狀態，也就是要使人不起欲望。不起欲望而趨於靜止，天下將會自己穩定。

〈解讀〉

①「無為而無不為」一語，亦見於四十八章，是對道的作用之標準描述。道是無為的，因為它不存任何目的要完成，也沒有任何潛能要實現；道又是無不為的，因為任何事物或狀態，如果違背道的規律，就根本無法存在。換言之，「無為」源自道的「超越性」，而「無不為」則出於道的「內存性」。

②「化而欲作」的「欲」字，應是動詞（想要），而主詞省略的是「有人」；如此才可接著說「吾將鎮之」，亦即做為「鎮」的受詞「之」。理由很簡單：萬物中，只有「人」可能產生特定的「欲」，想要有所作為，也只有這樣的人，才需要鎮以無名之樸。三十二章有「道常無名，樸」一語，可相參照。

③關於「自化」，五十七章有「我無為而民自化」一語。《莊子》書中亦屢言「自化」，如「處無為而民自化」（〈在宥〉），「無為而萬物化」（〈天地〉），「何為乎？何不為乎？夫固將自化」（〈秋水〉）。

下篇

第三十八章

上德不德，是以有德；
下德不失德，是以無德。
上德無為而無以為；
上仁為之而無以為；
上義為之而有以為。
上禮為之而莫之應，則攘臂而扔之。

故失道而後德，
失德而後仁，
失仁而後義，

失義而後禮。
夫禮者，忠信之薄，而亂之首。
前識者，道之華，而愚之始。
是以大丈夫處其厚，不居其薄；
處其實不居其華。
故去彼取此。

〈白話〉

推崇稟賦的人不刻意修德，所以保存了稟賦；貶抑稟賦的人不忽略修德，所以失去了稟賦。推崇稟賦的人無所作為，並且不存任何目的；推崇行仁的人有所作為，但是不存任何目的；推崇行義的人有所作為，並且存著特定目的。推崇行禮的人有所作為而得不到回應，就舉起手臂強迫別人順從。所以，失去了道，才要講求稟賦（德）；失去了稟賦，才要講求仁；

失去了仁，才要講求義；失去了義，才要講求禮。禮的出現，使忠信淪於澆薄，也是大亂的禍首。從前的有識之士，把握道的浮華外表，其實正是愚昧的開始。因此，大丈夫立身淳厚而不居於澆薄；存心實在而不陷於浮華。所以要捨棄後者而採取前者。

（手寫批註：無心；做該做的事；忠誠 說話算話；義；存心實）

〈解讀〉

① 「德」指稟賦或本性；「上」與「下」若作形容詞，則指上等與下等，但是人的稟賦如何分上下？因此，應以「上」、「下」為動詞，所指為「推崇、貶抑」。「上仁、上義、上禮」皆依此解。譬如，「上仁」即是「上仁者」（推崇行仁之人）。此外，由「失道而後德」一語，亦可知此一每下愈況的過程，恰與人的選擇有關。

（手寫批註：好壞 依另）

② 「前識者」，所「識」的正是「禮」，亦即以為禮可以安定人間，結果卻是「愚之始」。然後，「大丈夫」一詞是指立志要悟道的人。

③ 本章依專家之見，把王弼本的「上德無為而無以為」底下的「下德為之而有以為」去掉。否則原文義理難以順適。並且，帛書甲、乙本皆無此句。

（手寫批註：從前懂得祖的人）

④ 《莊子・知北遊》：「故曰：失道而後德，失德而後仁，失仁而後義，失義而後禮。」

（頁面上方手寫：C'est la vie!）

禮者，道之華而亂之首也。」

⑤「去彼取此」一語亦見於十二章、七十二章。

第三十九章

昔之得一者：

天得一以清；（天地自然芝月）

地得一以寧；

神得一以靈；

谷得一以盈；

萬物得一以生；侯王得一以為天下貞。

其致之也，

謂：（天無以清，將恐裂；）（芭芷）

地無以寧，將恐廢；

神無以靈，將恐歇；

谷無以盈，將恐竭；

先說正面 再說反面 再講結論

道三一代表整體

沒有變化

萬物之上 無所不在

道在萬物萬物和道

萬物之上

既存於萬物

又超越萬物之外

沒有永恆充滿變化

要子變、回到根源

子變的只有道

萬物無以生，將恐滅；
侯王無以貴高，將恐蹶。
故貴以賤為本，高以下為基。
是以侯王自謂孤、寡、不穀。
此非以賤為本邪？非乎？
故至譽無譽。
不欲琭琭如玉，珞珞如石。

〈白話〉

從前取得整合的，如下所述：天取得整合，才會清明；地取得整合，才會安寧；神取得整合，才會靈驗；河谷取得整合，才會滿盈；萬物取得整合，才會生長；侯王取得整合，才會成為天下的首領。由此推衍，可以認為：天一直清明下去，恐怕就會破裂；地一直安寧下去，恐怕就會崩塌；神一直靈驗下去，恐怕就會耗盡；河谷一直滿盈下去，恐怕就會枯竭；萬物一直生長下去，恐怕就會絕滅；侯王一直保持高貴姿態，恐怕就會失敗。所以，尊貴要以卑賤為根本，高處要以低處為基礎。因此，侯王自稱為「孤家」、「寡人」、「僕下」。這不是把卑賤當作根本嗎？不是這樣嗎？所以，最高的稱譽是沒有稱譽。不要華麗如美玉，或粗糙如硬石。

〈解讀〉

①「一」若指混沌未分的整體（全體），即是道；但是，造化在各自的領域也可以取得整合，這也是一種「一」。譬如，天若未能整合，則天不成其為一個天，又如何可以清？又如，萬物若未能整合，如何相互為用而生生不已？在此所說的是：經由整合（「一」），一物才可達成其完美表現。但是，這只是真相的一面，還須轉到另一面來看。

②「天無以清」一語中的「以」，通「已」字，意思是要問：天之清「無已時」（沒有停止之時），將會出現什麼後果？譬如，河上公注「谷無以盈，將恐竭」，說：「言

谷當有盈縮虛實，不可但欲盈滿無已時，將恐枯竭不為谷。」如此理解，不但與上文相對而構成真相的另一面，並且不會顯得同語重複，譬如，把「天無以清，將恐裂」解為「天不能保持清明，恐怕就會破裂」云云，如此讀來實為贅語。因此，所謂「天、地、神、谷、萬物、侯王」，皆為相對之物，皆有存廢榮枯之時。永遠整合為一而不改不殆的只有「道」。這是老子的基本立場。

③以上兩注一正一反，才可引出「貴以賤為本」等語，否則難免突兀。侯王自謂的「不穀」，依章炳麟《新方言》，為「僕」之合音，表示侯王以「僕下」謙稱。此解優於以「不穀」為「不善」。「孤、寡、不穀」亦見於四十二章。最後，「如玉」為貴，「如石」為賤，兩者皆非所欲。

第四十章

反者道之動；

弱者道之用。

天下萬物生於有，

有生於無。

〈白話〉

道的活動，表現在返回上；道的效用，表現在柔弱上。天下萬物源自於有形者，有形者再源自於無形者。

（手寫註記：回歸 李時 歸返 萬物運作 有形之物 無形之物 事自於 有形之物 事自於 有形之物 形而上 有情 萬物 背後的本体）

〈解讀〉

①「反」是返回，包括返回到對立面，以及返回到根源。由特定時段或特定角度看來，一物或一事皆在返回其對立的一端，如物極必反，否極泰來。鐘擺總是從此端盪到彼端，不斷地重複；而春夏秋冬四季的運行，則顯示由重複而循環的外貌。其次，一切的重複與循環，由全盤的時段及角度看來，其實是在返回其根源，亦即都是：源自於道又返回於道。因為除了道之外，原本並無一物一事可以存在。換言之，我們所觀察的萬象，只不過是道的「返回」活動，沒有其他目的可言。

②「弱」是柔弱，更有順從、接受、被動、無為之意。既然一切都在「返回」其根源（道），那麼除了「柔弱」之外還有別的選擇嗎？不過，「弱」字並非消極無奈，而是順著返回的趨勢所展現的「無目的」的樣態。換言之，「弱」看似「無目的」，其實卻是配合一切既定條件所能採取的唯一路線。

③「天下萬物生於有，有生於無」一語，值得深究。首先，在追溯萬物的源頭時，顯然分三個層次，亦即：萬物、有、無。許多專家認為：「有」指「德」，「無」指

「道」（參考五十一章）。但是，老子書中屢見「德」與「道」，他為何還要使用「更抽象的」概念（「有」與「無」）來使人困惑？並且，以「有」為「德」，無異於主張存在著一個與「萬物」分離（至少在概念上）的「德」（本性、稟賦）的層次；而這個層次可以做為「道」與「萬物」之間的中介。試問：這樣的「德」如何能被理解？

④再者，以「無」為「道」，必須隨即說明此「無」並非真正的虛無。譬如，王弼注《老子》一章時，一方面斷句為「無名，天地（在本書已更改為「萬物」）之始；有名，萬物之母」，另一方面他在注中說：「凡有皆始於無。故未形無名之時，則為萬物之始，及其有形有名之時，則長之育之亭之毒之，為其母也。」可見他以「未形無名」解釋「無」，而以「有形有名」解釋「有」。他的注接著說：「言道以無形無名，始成萬物」。換言之，以「有」指稱「有形有名」，並以「無」指稱「無形無名」，則此章可以解為「天下萬物源自於有形（有名）者，有形（有名）者再源自於無形（無名）者。」形（與名）之有無，是針對人的感官（與理智）能力而言。我們觀察萬物時，在判斷某物為某物之前，必須先肯定「有物」存在；在追溯「有物」時，又須承認它呈現為「混成」狀態（參考二十五章：「有物混成，先天地生」）。

就「有物」而言，可以說是「有」；就「混成」而言，可以說是「無」。「無」是針對「無形亦必然無名」的「混成」而言；「有」是針對「有形因而亦可能有名」而言。在此之後（這是邏輯上的先後關係），才有天地與萬物。

⑤「有」與「無」是一對相反相成的概念。人所能經驗及思想的，只是「有」；但是「有」常在變化生滅之中，使人對「有之消失」產生「無」的體認。舊「有」消失之後，固然是「無」；新「有」出現之前，也應是「無」。於是，「無」代表了「無形（亦無名）」的領域，為「有形（亦有名）」的領域提供了基礎。再者，「無」代表「可能性」的領域，「有」代表「實現性」的領域。因此，說「有生於無」，意思是：由可能性產生了實現性。不過，如此抽象的思想，未必是老子的用意所在。

⑥總之，本章的「有」是指「有形有名」，「無」是指「無形無名」。否則的話，若以「有、無」為具有確定意含的哲學概念，並且特別以「無」來指稱「道」，那麼要如何避開「道可道，非常道」的質疑？萬物源自於「道」，這是無可置疑的（四十二章「道生一……」，五十一章「道生之」），然後以「無」描寫道，意在突顯道之「無形無名」的特色，如此而已。

第四十一章

上士聞道，勤而行之；
中士聞道，若存若亡；
下士聞道，大笑之。
不笑不足以為道。
故建言有之：
明道若昧；
進道若退；
夷道若纇；
上德若谷；

道之動（動向）：反（回歸開展＝回歸）
道之用（功能）：弱（柔弱、無為）

老子 講存在
1. 動態
2. 長時間

反者道之動
弱者道之用

大白若辱；
廣德若不足；
建德若偷；
質真若渝；
大方無隅；
大器晚成；
大音希聲；
大象無形；
道隱無名。
夫唯道，善貸且成。

〈白話〉

上等材質的人一聽說「道」，努力去實踐；中等材質的人一聽說「道」，半信半疑；下等材質的人一聽說「道」，就哈哈大笑。不被這種人嘲笑，就不足以稱為「道」。所以，古代立言的人說過：明顯的道好像暗昧；前進的道好像後退；平坦的道好像崎嶇；最高的德有如山谷；最純的白有如含垢；廣大的德好像不足；健行的德好像怠惰；質樸的德好像會變；最大的方正沒有稜角；最大的器物很晚完成；最大的聲音幾乎沒有聲響；最大的形象沒有任何形迹；「道」幽隱而沒有名稱可說。只有道，善於輔助萬物並且一一完成。

〈解讀〉

①一個人是上士、中士或下士，要看他「聞道」之後的表現。因此，在譯為白話時，「士」不指讀書人或武士，而可就其「材質」之等級來說。上士聞道，心神領會，立即付諸行動，改變人生態度。中士聞道，時記時忘、半信半疑，虛耗了許多時光。下士聞道，認為有違他所見的世俗法則，不禁大加嘲笑。隨後所舉的，就是老子「正言

若反」的例證，乍看之下確實難以了解。

②「明道、進道、夷道」三語中的「道」，有道路之意，因為人生無異於行路；但是，「若昧、若退、若纇」是說：表面看來卻好像是相反的狀況。這有些像西諺所云：誠實看似愚笨，其實卻是最好的策略。

③「上德、廣德、建德、質德」四語中的「德」，有德行之意，或者更好說是：依人的本性（稟賦）而表現的德行。換言之，在此，德與「仁義」之類的善行無關。

④「道隱無名」一語，可以呼應一章的「無名」，以及二十五章的「吾不知其名」。另外，三十二章、三十七章皆提及「無名」。

⑤《莊子．寓言》有一語：「大白若辱，盛德若不足」。

第四十二章

道生一，<u>展現</u> <u>元源</u>

一生二，陰陽

二生三，陰陽 <u>陰陽和</u> <u>以</u>

三生萬物。

道：萬物之本源

（而歸宿）

萬物負陰而抱陽，

沖氣以為和。

人之所惡，唯孤、寡、不穀，而王公以為稱。

故物或損之而益，或益之而損。

人之所教，我亦教之。

下

上

人90%陽 10%陰

宇宙萬物

萬物每樣

幸福是陰氣

幸福是陽氣

萬物本源本之 於道

先說結 生命本源 日代流展現 世事

思考先看結論 有方向

八卦 八ㄅ掛 象

修行

「強梁者不得其死」，吾將以為教父。

〈白話〉

道展現為統一的整體，統一的整體展現為陰陽二氣，陰陽二氣交流形成陰、陽、和三氣，這三氣再產生萬物。萬物都是背靠陰而面向陽，由陰陽激盪而成的和諧體。人們所厭惡的，就是淪為「孤家」、「寡人」、「僕下」，但是王公卻以此來稱呼自己。所以一切事物，有時是受損反而獲益，有時是獲益反而受損。別人教導我的，我也用來教導別人。「強悍的人沒有辦法得到善終」，我將以此做為施教的開始。

〈解讀〉

①本章前半段向來被視為老子的萬物生成論。問題是：從「道」這個源頭如何產生萬物？在此之間的「一、二、三」究竟何所指？比較簡單的解法是：以「一、二、三」

為「由簡至繁」的過程，所以不必深究其指涉。但是這樣只是逃避問題。比較有趣的解法是《莊子．齊物論》所說的「一與言為二，二與一為三，自此以往，巧歷不能得。」意思是，「有一」與「說『有一』」就形成了「二」。亦即關鍵在於人的認知及判斷，由此形成語言表述的世界，使原始的「一」被分別為「二」。依此類推，這個「二」加上未分之前、不可言說的「一」，又形成了「三」。但是這樣一來，重點已經由萬物生成論轉移到人的認識作用上了。

②本章開頭連用四個「生」字，其意為展現、形成或產生，不必拘泥於一種「生」。

③另有三種解法較為常見。一是以「無、有」來解釋。亦即：以「無」為道，以「有」為一；再以「無」與「有」為二；然後，無與有「相生」而出現「三」。這種解法頗有形上學意味，但未必代表老子思想（參考四十章之解讀），最大的難題是：形上的「無」與「有」，如何真正生成形下的萬物？其次，是以「天、地」來解釋。亦即：以「天、地」為「二」，形成「道、天地、萬物」的三層觀點。但是，先不追究「一」與「三」何解，只要想想：天地如何能夠生出萬物？天地代表萬物存在的「領域」，提供萬物存在的「條件」，有時亦可以其包含萬物的姿態而被稱為「自然界」，但是充其量只能說「天地使萬物得以如此產生」，而不能說「天地生萬物」。

或者，在說「天地生萬物」時，只是比喻之意。第三，是以「陰、陽」來解釋。亦即陰陽代表「二」，是由統一的「道」所展現的二元力量，兩者相反相成，在交流互動時出現「和」，並且一起形成了「三」。只有如此理解，才可以接著說：「萬物負陰而抱陽，沖氣以為和。」此說並非毫無問題，譬如：道與陰陽的關係是什麼？陰陽是力量，是形態，還是元素？或者直接就說是「氣」？從萬物的角度來看，「氣化論」可以說得通，亦即「一、二、三」所代表的是「元氣、陰陽二氣、陰陽和三氣」。由此可以肯定「道」的內存性，但是，如何保障「道」的超越性（「獨立而不改，周行而不殆」，二十五章）？或者，老子在別處已經談過「道」的超越性，而在本章的重點則是萬物如何生成，所以側重「道」的內存性。換言之，道與氣的關係仍然有待深究。

④本章後半段，從「人之所惡」直到結束，與前半段的文義並不連屬，所以不必勉強一併求解。

第四十三章

天下之至柔，馳騁天下之至堅。

無有入無間，

吾是以知無為之有益。

不言之教，

無為之益，

天下希及之。

〈白話〉

天下最柔弱的東西，駕馭了天下最堅強的東西。無形的力量穿透了沒有間隙的東西。我因此懂得了無所作為是有益的。不發一語的教導，無所作為的好處，天下很少人能夠做得到。

道：依道而行之路

德 ⎰ 人之本性（得之於道者）這給我
    ⎱ 人依本性 的修行之"得"
            按道体會自成我
                           的本性
正言若反 正、反 形成整体 更武
                          的验
对道之党省   得的信

〈解讀〉

①王弼注以「氣」與「水」為「至柔」的例子，他說：「氣無所不入，水無所不經」。柔者無定形、無定質；堅者方正明確，只能處於被動。不過，柔與堅皆須就人的處世態度來看，才有深意。

②「無有入無間」，可以理解為：「天地之氣，本無形也，而能貫乎金石；日月之光，本無質也，而能透乎蔀（ㄆㄡˋ）屋。」（王道《老子億》）「蔀屋」係以草蓆覆蓋屋頂，為窮人所居之陰暗屋子。

③「不言之教」，因為一旦發言就必存著目的，亦即要達成某種與現狀不同的情況。以「不言」配合「無為」，看似「至柔」與「無有」，其實卻無往而不利。

第四十四章

名與身孰親？
身與貨孰多？
得與亡孰病？
甚愛必大費；
多藏必厚亡。
故知足不辱，
知止不殆，
可以長久。

宗教精神

道該成仙該菩

→ 悟道

談成仙

喜

投入於心

虛心之一

風跟著吹

雨跟著淋

活著就是最大快樂

道

外化，內不化

覺悟：喜、也沒什麼　富貴 枷鎖 地位

〈白話〉

名聲與身體，哪一個更親近？身體與錢財，哪一個更貴重？獲得與喪失，哪一個更有害？過分愛惜必定造成極大的耗費；儲存豐富必定招致慘重的損失。所以，知道滿足，就不會受到羞辱；知道停止，就不會碰上危險；這樣可以保持長久。

〈解讀〉

①為了追求「名」、「貨」而勞累或傷害身體，可謂得不償失，因為人的身體對人而言是不可或缺、無法替代的。其次，「得與亡」是兼指名、貨而言，出名得利，常常帶來後遺症；無名無利，反而可以清靜生活。這不只是「鐘鼎山林，各有天性」的問題，並且還考慮到人生長遠的苦與樂。

②「甚愛必大費」，因為人一旦執著於所愛，就會不顧一切地付出，對人如此，對物亦然。「多藏必厚亡」，因為天災人禍將使儲存財物越多的人，陷入更大的危機。

③人若能區分內外，進而重內輕外，做到「知足」與「知止」，自然可以安全自在。這裏所說的「知」，屬於「避難之知」，可參考十六章之解讀。

第四十五章

大成若缺，其用不弊。
大盈若沖，其用不窮。
大直若屈，
大巧若拙，
大辯若訥。
躁勝寒，靜勝熱。
清靜為天下正。

清靜寡欲

脆脆易泮

就民（新民）⑤
就近照顧百姓
百姓就會跟著新自己
self-regarding 自我

就民百姓
百姓、事新自己
（先修養自己）

① 人之性：真誠 向善
人之道 每人生的正路
人之成

② 中庸：禮代替道
行為規範

③ 孝順：內心真誠嘗試：考心
父母期許 講道
社會規範 要達到
以真誠考主

〈白話〉

最大的圓滿好像有缺陷，但它的作用不會衰竭。最大的充實好像很空虛，但它的作用不會窮盡。最大的正直好像是枉屈，最大的靈巧好像是笨拙，最大的辯才好像是木訥。疾走可以克制寒冷，安靜可以化解炎熱。平淡無為是天下的正途。

〈解讀〉

①真正的「成、盈、直、巧、辯」，在展現時都是反面的情況，這是因為明白「物極必反」的道理，所以預先自我設限，以免盛極而衰。盛若未極，則可「不弊、不窮」，一直保持旺盛的活力。

②「躁勝寒，靜勝熱」一語，別有一解，認為它意指：爐火可以禦寒，清水可以勝熱（朱謙之《老子校釋》）。這是對事實所作的客觀描述；但是，若由人所採取的態度或作為（疾走與安靜）來理解，更符合老子「以適當方式達成合宜目的」的用意。「清靜」是指平淡無為，這才是天下人的康莊大道。

第四十六章

天下有道，卻走馬以糞。

天下無道，戎馬生於郊。

禍莫大於不知足；

咎莫大於欲得。

故知足之足，常足矣。

〈白話〉

國家政治上軌道，馬匹被送回農村耕田。國家政治不上軌道，戰馬就在郊野出生。最大的禍患，就是不知滿足；最大的過錯，就是想要獲得。因此，知道滿足的這種滿足，就能永遠滿足了。

〈解讀〉

①天下「有道」與「無道」，所指為政治及社會是否上軌道而言。萬物之中，只有人類可以對「道」作一選擇，而選擇的結果往往並不理想。老子的反戰思想可以參考三十章、三十一章。

②「卻走馬以糞」，意思是：退回那些走動的馬匹，讓牠們去耕田。「糞」：治田、耕種。

③「知足之足」，意指：知道滿足，並且以此為滿足。

第四十七章

不出戶，知天下；
不闚牖，見天道。
其出彌遠，其知彌少。
是以聖人
不行而知，
不見而明，
不為而成。

〈白話〉

不出大門，可以知道天下事理；不望窗外，可以看見自然規律。走出戶外愈遠，領悟道理愈少。因此，聖人不必經歷就知道，不必親見就明白，不必去做就成功。

〈解讀〉

①「不出戶，知天下」是針對人間而言。若是留意自己與家人相處的情況，推到天下去看也是大同小異。甚至可以說：真正了解「自己」，就會了解「人類」。其次，「不闚牖，見天道」是針對自然界而言。古人即使關在屋內，也有一些自然物（如造成桌椅的木頭）可供觀察；若是深入觀察，則可以想見自然界的運作規則。

②「其出彌遠，其知彌少」，因為「出」表示向外追逐，走馬看花，反而難以領悟。人的「知」以向內自省為前提，若是沒有「自知」，其他一切實在可有可無。然後，聖人的「不行、不見、不為」，都是正確的方法，足以達成合宜的目的：「知、明、成」。

第四十八章

為學日益，

為道日損。

損之又損，以至於無為。

無為而無不為。

取天下常以無事，

及其有事，不足以取天下。

〈白話〉

探求知識，每天要增加一些；探求「道」，每天要減少一些。減少之後還要減少，一直到無所作為的地步。無所作為卻什麼都可以做成。治理天下總是無所事事，等到有事要做，

手寫註記：
道，心無所于求，不卑不亢
看不到 成見觀念想法去掉，自己放空
無心而為
長期要磨練的功夫

就不配治理天下了。

〈解讀〉

①「為學日益」：探求知識，除了用功與恆心之外，別無他法。知識浩如煙海，學者能夠日起有功，至少可以出類拔萃。不過，《莊子．養生主》提醒我們：「吾生也有涯，而知也無涯，以有涯隨無涯，殆已。」

②「為道日損」：「道」是究竟真實，不但不在書本中，也不在吾人感官所對的經驗世界中。因此，探求「道」，必須去除可多可少的相對知識、積非成是的世俗偏見，以及個人特有的各種欲望。最後抵達無知、無欲，以及無為的地步。

③「無為而無不為」一語，可參考三十七章的「道常無為而無不為」。就「道」來說，這是描述既成事實，所以譯為「道總是無所作為，但是又沒有東西不是出於它的作為」。就本章以人而言，則是描述可能事實，所以譯為「無所作為卻又什麼都可以做成」。王弼說：「有為則有所失，故無為乃無所不為也。」接著所謂的「取天下」云云，則顯示「為道者」是指努力悟道的統治者（聖人）。

④關於「無為」，除了指「無所作為」，也可以指「無心而為」，亦即沒有任何刻意的目的，更不會自以為是。理由是：若無為僅只是無所作為，則可能成為懶惰者的藉口。

⑤《莊子・知北遊》：「故曰：為道者日損，損之又損之，以至於無為。無為而無不為也。」

第四十九章

聖人常無心，以百姓心為心。

善者，吾善之；

不善者，吾亦善之；德善。

信者，吾信之；

不信者，吾亦信之；德信。

聖人在天下，歙歙焉，為天下渾其心，

百姓皆注其耳目，

聖人皆孩之。

悟道統治者
沒有固定想法

一切都從道裡面，根本沒有
道的角度：通通包容

于用 從人的角度 分辨

英雄
關鍵時
做正確
的事

聖人
的有時刻
都做正確
的事
一輩子勤
修鍊

〈白話〉

聖人總是沒有意念，而是以百姓的意念做為自己的意念。善良的人，我善待他；不善良的人，我也善待他；這樣可使人人行善。守信的人，我信任他；不守信的人，我也信任他；這樣可使人人守信。聖人立身於天下，謹慎收斂啊，使天下人的意念歸於渾然一體，百姓都努力在聽在看，聖人把他們都當成純真的孩童。

〈解讀〉

①「聖人常無心」一語，王弼本作「無常心」；現在據帛書乙本「恆無心」而改為「常無心」。理由是：如果原文作「無常心」，則意思是「沒有固定的意念」，與「無心」相近；不過，如此一來，「常心」淪為貶義，而「常」字在老子書中沒有貶義；並且，莊子亦曾肯定「常心」。《莊子・德充符》：「以其知得其心，以其心得其常心。」其意為：「經由智力去把握那主導自我的心，再經由主導自我的心去把握普遍相通的常心。」

②聖人對「善者、不善者」，「信者、不信者」，皆採取「無差別」的態度，用意在於化解相對的價值觀，並且以統治者的寬容來啟發人民的善與信。「德」字雖可通「得」，但仍可就其「稟賦」義來引申，進而理解為：稟賦展現出善（德善），以及稟賦展現出信（德信）。

③「聖人皆孩之」一語，也有學者認為「孩」字借為「閡」（閉），亦即聖人要閉塞百姓耳目之聰明；進而認為這是老子的愚民政策。但是，這樣如何可以呼應本章開頭所說的「以百姓心為心」？因此，「孩之」有包容之意。

第五十章

出生入死。
生之徒，十有三；
死之徒，十有三；
人之生生，動之於死地，亦十有三。
夫何故？以其生生之厚。
蓋聞善攝生者，
陸行不遇兕虎，
入軍不被甲兵。
兕無所投其角，

虎無所用其爪，
兵無所容其刃。
夫何故？以其無死地。

在說明無欲則剛

〈白話〉

人是從生命出發，走入死亡的。屬於長壽的，占十分之三；屬於短命的，占十分之三；想要照顧生命，卻往往走向死亡的，也占十分之三。這是什麼緣故？是因為照顧生命太過度了。聽說善於養護生命的人，在陸上行走不會遇到犀牛與老虎，在戰爭中不會被兵器所傷。犀牛用不上牠的角，老虎用不上牠的爪，兵器用不上它的刃。這是什麼緣故？因為他沒有致命的要害。

〈解讀〉

①「十有三」：世人有的長壽，有的短命，也有的自尋死路，這三種人大致各占三成。其中，自尋死路的人，原本想要照顧生命，結果卻適得其反。現代人的養生觀念正有

此一隱憂，而老子的建議是順其自然。其次，這三種人占了十分之九，還有另外十分之一呢?應該是指稍後所謂的「善攝生者」。這樣的人有十分之一嗎?老子顯然並不悲觀。

②「以其無死地」，因為他沒有任何過度的欲望，所以不會受到兕虎、兵刃（比喻世路崎嶇、人情險詐）所害。王弼說：「斯誠不以欲累其身者也，何死地之有乎!」

道生之，德畜之（ㄒㄩ），

物形之，器成之。

是以萬物莫不尊道而貴德。

道之尊，德之貴，夫莫之命而常自然。

故道生之，德畜之，

長之育之，亭之毒之，養之覆之。

（生而不有）

（為而不恃）

（長而不宰）

神（天、道……）
　① 人所知
　② 人所不知
　　　不可思
　　　不可議

儒家
　真誠 → 良知 的力量
道家：　　　反樸歸真　亂世　活著受苦．活著　就有快樂
　　　　審美的情操　　　　大美　自然的美妙

是謂玄德。

〈白話〉

由道來產生，由德來充實，由物質來賦形，由具象來完成。因此萬物無不尊崇道而重視德。道受到尊崇，德受到重視，這是沒有任何命令而向來自然如此的。所以，由道來產生，由德來充實，進而來成長來培育，來安定來成熟，來滋養來照顧萬物。產生萬物而不據為己有，作育萬物而不仗恃己力，引導萬物而不加以控制，這就是神奇的德。

〈解讀〉

①「道生之」：參看四十二章，可知道所生者為「萬物」。「德畜之」：德是一物得之於道者，指其本性或稟賦而言，亦即充實其存在條件。「物形之」：由形以見物，有物才有形；有一物之形，則不能有他物之形。「器成之」：器是具體的萬物，也是我們感覺及思考的對象。

②道受到尊，德受到貴，正好反映了萬物接受存在與肯定存在之客觀事實。「自然」是自己如此，非由外力。王弼說：「亭謂品其形，毒謂成其質。」因此譯為安定與成熟。

③本章以「器成之」取代「勢成之」，乃據帛書甲、乙本而改。二十八章有「樸散則為器」一語，可供對照。

④「生而不有……是謂玄德」一語，已見於十章。

第五十二章

天下有始，以為天下母。
既得其母，以知其子；
既知其子，復守其母，
沒身不殆。
塞（ㄙㄜˋ）其兌，閉其門，終身不勤。
開其兌，濟其事，終身不救。
見小曰明，守柔曰強。
用其光，復歸其明，
無遺身殃，是為襲常。

〈白話〉

天下萬物有一個起源，就以它做為天下萬物的母體。把握了做為母體的，可以由此認識它的孩子；認識了做為孩子的，再回去持守著母體，那麼至死都不會陷於危險。塞住感官的出口，關上欲望的門徑，終身都沒有病痛。打開感官的出口，滿足欲望的目標，終身都不可救治。能夠察見細微，稱為啟明；能夠持守柔弱，稱為堅強。運用理智的光亮，返回到啟明境界，不給自己帶來災害；這就叫做保持恆久狀態。

〈解讀〉

①「天下有始，以為天下母」，這句話提醒我們「無名，萬物之始；有名，萬物之母」（一章）。老子以「始」字代表起源，因為萬物不是自有的，而是來自於「道」。先說「始」，再說「母」，因為「母」與「子」是相對概念，正如「有名」不能脫離「萬物」而出現。既然如此，我們就須由變化不已的萬物，回歸於母體，然後將如水滴流入大海，安全無比。

②「終身不勤」：「勤」字借為「瘽」，指病痛而言。下文的「終身不救」與之對應。

③老子的「明」字極為重要，可以綜合參考，如：「知常曰明」（十六章、五十五章），「自知者明」（三十三章），「不自見故明」（二十二章），「自見者不明」（二十四章）。我們將「明」理解為「啟明」，意在肯定那是「知」的最高境界，亦即由悟道所得的智慧。

④老子的「光」字，側重於理智之光這一方面，所以會說「光而不耀」（五十八章），「和其光」（四章、五十六章），以及本章的「用其光」。皆有工具或手段之意，而另立其他更重要的目的。

⑤「襲常」一詞，可參考「襲明」（二十七章）。

第五十三章

使我介然有知，行於大道，

唯施(一ˊ)是畏。

大道甚夷，而人好(ㄏㄠˋ)徑。

朝甚除，田甚蕪，倉甚虛；

服文綵，帶利劍，厭飲食，財貨有餘；

是謂盜夸(ㄎㄨㄚ)。非道也哉！

〈白話〉

假使我確實有所認識，就會順著大道走去，只擔心誤入歧途。大道很平坦，可是人君卻喜歡走斜徑。朝廷很腐敗，田園很荒蕪，倉庫很空虛；卻還穿著錦繡衣服，佩帶鋒利寶劍，

飽飫精美飲食，財貨綽綽有餘；這就叫做強盜頭子。根本不是正途啊！

〈解讀〉

①「介然」：一般有「微小」及「堅固」二解。就「知」與「行」必須配合看來，以作「堅固」（確實）為宜。若作「微小」，則有程度上的考量，用於「知」，不太適合。

②「唯施是畏」：「施」讀為「迤」，邪（斜）行也。「而人好徑」：王弼本作「而民好徑」，但是下文所論，針對「人君」而言，不宜作「民」。「徑」有「邪而不正」之意。

③「朝甚除」：「除」借為「污」，腐敗之意。「盜夸」一詞，在《韓非子・解老》作「盜竽」，所謂「竽為眾樂之倡，一竽唱而眾樂和。大盜倡而小盜和，故曰盜竽。」所指亦為盜魁。

第五十四章

善建者不拔，
善抱者不脫，
子孫以祭祀不輟。
修之於身，其德乃真；
修之於家，其德乃餘；
修之於鄉，其德乃長；
修之於邦，其德乃豐；
修之於天下，其德乃普。
故以身觀身，以家觀家，以鄉觀鄉，

以邦觀邦，以天下觀天下。

吾何以知天下然哉？以此。

〈白話〉

善於建立的不可拔除，善於抱持的不會脫落，子孫依此原則，可以世代享受祭祀。這種修養用於自身，德行就會真實；用於家庭，德行就會有餘；用於鄉里，德行就會長久；用於邦國，德行就會豐盛；用於天下，德行就會普遍。所以，要從我的自身去觀察別人，從我的家庭去觀察別的家庭，從我的鄉里去觀察別的鄉里，從我的邦國去觀察別的邦國，從我的天下去觀察別的天下。我怎麼知道天下的情況呢？就是用這種方法。

〈解讀〉

①本章所謂「善建」、「善抱」，皆指正確的「修」而言。所修者可以由自身推及天下，而其效應則在於「德」。

②「德」有「真、餘、長、豐、普」五種狀況，因此在翻譯時可以譯為「德行」，以示其可變性。不過，說是「德行」，又不針對「善」而言，這正是老子思想的特色所在。換言之，道家的「德」字原意為「得」，就其得之於己亦可得之於人而言，可說它是「德行」，就己與人皆復歸於德而言，可說它是本性或稟賦。

③「德」做為本性或稟賦，在「觀」時就可以以己通人了。然後，「不出戶，知天下」（四十七章）是可能的；並且由今日之天下，亦可推知其他時代的天下。

God is personal because we are personal

物物而不物於物　逐物而不反

第五十五章

含德之厚，比於赤子。

毒蟲不螫，猛獸不據，攫鳥不搏。

骨弱筋柔而握固，

未知牝牡之合而朘作，精之至也。

終日號而不嗄，和之至也。

知和曰常，

知常曰明。

益生曰祥，

心使氣曰強。

就是本性

10 20 28 49 55

沒有欲望就沒有可乘之机

渾然一体

物壯則老

蔽而新陳

物壯則老，謂之不道，不道早已。

〈白話〉

保存稟賦若是深厚，就像初生嬰兒一樣。毒蟲不叮刺他，猛獸不抓咬他，凶禽不撲擊他。他筋骨柔弱，可是拳頭握得很緊；還不懂得男女交合，可是小生殖器自動挺起；這是專注到極點的緣故。他整天號哭，喉嚨卻不會沙啞；這是和諧到極點的緣故。懂得和諧，叫做恆久；懂得恆久，叫做啟明。貪求生活享受，叫做災殃；意念操縱體力，叫做逞強。事物壯大了，就會衰老，這稱為不合乎「道」，不合乎「道」的很快就會結束。

〈解讀〉

①「含德之厚」：「德」指稟賦或本性，而不宜涉及德行。「比於赤子」：赤子仍然處於人的原始狀態，與物無爭，亦不受其害。

②「精之至」與「和之至」，所指為「專注」與「和諧」，而不必界定為精氣與和氣。

③「益生曰祥」：「祥」指妖祥，為災異之祥。「心使氣曰強」：心是意念，氣指體力而言；「心使氣」，是說讓欲望帶著自己去有所作為。

言語文字
方便法門

第五十六章

知者不言，言者不知。

塞其兌，閉其門，

挫其銳，解其紛，

和其光，同其塵，

是謂玄同。

故不可得而親，不可得而疏；

不可得而利，不可得而害；

不可得而貴，不可得而賤。

故為天下貴。

〈白話〉

了解的，不談論；談論的，不了解。塞住出口，關上門徑，收斂銳氣，排除紛雜，調和光芒，混同塵垢，這就是神奇的同化境界。所以人們無從與他親近，也無從與他疏遠；不能讓他得利，也不能讓他受害；無法使他高貴，也無法使他卑賤。因此他受到天下人重視。

〈解讀〉

①「知者不言，言者不知」，何以如此？因為所知與所言的內容是「道」。稍後所謂的「玄同」，即反映了道之「混成」狀態。

②「塞其兌」等二語，亦見於五十二章。「挫其銳」等四語，亦見於四章。

③「玄同」之後，連續六個「不可得」，表示：既然一切皆無分別，都同化於一個道中，還有什麼「親疏、利害、貴賤」可以計較呢？

④「知者不言，言者不知」一語，亦見於《莊子・天道》、《莊子・知北遊》。

第五十七章

以正治國，以奇用兵，
以無事取天下。
吾何以知其然哉？以此。
天下多忌諱，而民彌貧；
民多利器，國家滋昏；
人多伎巧，奇物滋起；
法令滋彰，盜賊多有。
故聖人云：
「我無為而民自化；

我好靜而民自正；
我無事而民自富；
我無欲而民自樸。」

〈白話〉

用正規方法治國，用出奇謀略作戰，用無所事事才可取得天下。我怎麼知道是這樣的？是根據以下的事實。天下的禁忌多了，人民就愈貧窮；民間的利器多了，國家就愈昏亂；人們的技巧多了，怪事就愈增加；法令訂得愈細，盜賊反而變多。所以聖人說：「我無所作為，而人民自行發展；我愛好清靜，而人民自己端正；我無所事事，而人民自然富足；我沒有欲望，而人民自求真樸。」

〈解讀〉

①「以正治國，以奇用兵」，這兩者搭配使用，可以獲得一定的效益。但是，若要取天下，則須「以無事」。稍後所論，皆指「取天下」而言。

②「忌諱」多了，人民動輒得咎，無法發揮智力，自然陷於貧困。「利器」多了，人民藉此牟利，彼此勾心鬥角，國家難免昏亂。「伎巧」多了，人民求新求變，花樣層出不窮，邪僻怪事日增。「法令」多了，猶如天羅地網，無人可以倖免，大盜小賊叢生。

③聖人之「無為，好靜，無事，無欲」，皆來自於悟「道」。從道的角度來看，一切「有為，好動，有事，有欲」，最後都會歸於虛無，既然如此，何必自尋煩惱？

第五十八章

其政悶悶，其民淳淳；
其政察察，其民缺缺。
禍兮，福之所倚，
福兮，禍之所伏。
孰知其極？其無正也。
正復為奇，善復為妖。
人之迷，其日固久。
是以聖人方而不割，
廉而不劌，

直而不肆，
光而不耀。

〈白話〉

為政者粗疏，人民就淳厚；為政者苛細，人民就狡詐。災禍啊，幸福緊靠在它旁邊；幸福啊，災禍潛藏在它裏面。誰知道究竟是怎麼回事？禍福是沒有一定的。正常會再變為反常，善良會再變為邪惡。人們的迷惑，已經很久了。因此，聖人方正而不會生硬勉強，銳利而不會傷害別人，直率而不會無所顧忌，明亮而沒有耀眼光芒。

〈解讀〉

①禍與福之間的關係十分複雜。《韓非子．解老》說：「人有禍則心畏恐，心畏恐則行端直，行端直則思慮熟，思慮熟則明事理。」又說：「人有福則富貴至，富貴至則衣食美，衣食美則驕心生，驕心生則行邪僻而動棄理。」這兩個系列的因果，是由觀察

經驗而得，世間少有例外。

②「人之迷，其日固久」一語，可說是老子立言的苦心所在。

③聖人「方、廉、直、光」，但是卻無相對的流弊（割、劌、肆、耀），其表現令人讚嘆。

第五十九章

治人事天，莫若嗇。
夫唯嗇，是謂早服，
早服謂之重積德。
重積德則無不克。
無不克則莫知其極；
莫知其極，可以有國；
有國之母，可以長久。
是謂深根固柢，長生久視之道。

老子：盡量節省力氣

〈白話〉

治理人民，事奉上天，沒有比省約更好的方法。正因為省約，可說是早有準備；早有準備，也就是不斷累積稟賦；不斷累積稟賦，就沒有不能克服的事；沒有不能克服的事，就無法知道他的極限；無法知道他的極限，他才可以統治國家；掌握了統治國家的根本，才可以長治久安；這就是深植與穩固根柢，長生久存的原則。

〈解讀〉

① 「治人事天」一語中的「事天」，值得深究。首先，既能治人又須事天的，只有統治者一人；而統治者事天，在古代有「天子」之稱，乃是常識。其次，老子的思想重點，在於「以道代天」（參考六章之解讀），意在傳承天之「造生、載行」義，並使「自然之天」重新獲得一個超越的依據——道；但是，天之「主宰」義並未完全消失，所以統治者仍須「事天」。換言之，自然之天（展現為固定規律）與主宰之天（仍含有特定意志），這兩者之間的矛盾在老子思想中尚未完全化解。正是因為如

最高智慧沒有更而存在這
收斂善於隱藏者 善於生活
留反見子要類然行勢能進見已

能力

提醒

守信丰源 再豆新豆新陣
振导 由己而新陣

子新世
老命

振手再豆新豆隨時收斂情緒

此，老子會有「天將救之，以慈衛之」（六十七章）一語。然後，老子本章之用心，即在提出「嗇」字。所謂「莫若嗇」一語，正好反映了另外還有各種方法。這個「嗇」字證明了老子壓抑天之主宰義，而抬高天之自然義。

②「重積德」：「重積」是不斷累積，能夠不斷累積的應該是「德行」，但是老子無意推廣「德行」（如仁義）。因此，德應該指稟賦而言，但是稟賦如何可以不斷累積？由此可知，人的稟賦並非封閉自足，而須在生命歷程中依循「道」的啟發，進行動態開展，亦即不斷在做「深根固柢」的工作。換言之，人的「重積德」，表現為「開展即是回歸」（猶如「反者道之動」），「有為即是無為」（亦即「無為而無不為」）。這一切的關鍵，即在「嗇」，儉省節約也。

第六十章

治大國，若烹小鮮。
以道蒞天下，其鬼不神；
非其鬼不神，其神不傷人；
非其神不傷人，聖人亦不傷人。
夫兩不相傷，故德交歸焉。

〈白話〉

治理大國，要像烹調小魚。用「道」來領導天下人，鬼就失去神妙作用；不但鬼失去神妙作用，神也不會干擾人；不但神不會干擾人，聖人也不會干擾人。神與聖人都不干擾人，所有的稟賦都得以保存了。

〈**解讀**〉

①「若烹小鮮」：河上公注：「烹小魚不去腸、不去鱗、不敢撓，恐其糜也。」意思是：要盡量無為而治。

②「其鬼不神」：高延第說：「有道之君御天下，上下安於性命之情，不邀福，不稔禍，祈禱事絕，妖祥不興，故其鬼不神。《莊子》云：『一心定而王天下，其鬼不祟；』又云：『陰陽和靜，鬼神不擾；』皆此義也。」（《老子證義》）

③古人對鬼神，仍有某種信仰，認為鬼神介於人與天（或上帝）之間，可以對人間施以福禍。老子沿襲此一說法，而將重點轉移至「道」。我們不必全以陰陽二氣來解釋「鬼神」。

第六十一章

大國者下流，

天下之牝，天下之交也。

牝常以靜勝牡，以靜為下。

故大國以下小國，則取小國，

小國以下大國，則取大國。

故或下以取，或下而取。

大國不過欲兼畜人，

小國不過欲入事人。

夫兩者各得所欲，

大者宜為下。

〈白話〉

大國居於江河的下流，處於天下雌性的位置，為天下所歸附。雌性總是以安靜來勝過雄性，因為安靜才可處於下位。所以大國對小國謙下，就取得小國的信賴；小國對大國謙下，就取得大國的信任。所以，有的是靠謙下來取信，有的是因謙下而取信。大國不過是想聚養人，小國不過是想歸附人。這樣兩者都可以滿足願望，而大國應該處於下位。

〈解讀〉

①本章背景應該是眾多諸侯之國互相爭戰的時代。老子認為大國要謙下，才可包容小國。小國既然小，沒有不謙下的條件。王弼說：「牝，雌也。雄躁動貪欲，雌常以靜，故能勝雄也。以其靜復能為下，故物歸之也。」牝為雌，可為母，故可畜雄。

②「或下以取」，是指大國以「謙下」為適當的手段，取得小國的信賴。「或下而取」，是指小國本來就會謙下，由此取得大國的信任。

③「兩者各得所欲」一語，表示老子接受諸侯分立的現狀，同時又盼望止戈息武，和平共存。證諸歷史，這種想法顯得不切實際。

第六十二章

道者，萬物之奧。
善人之寶，不善人之所保。
美言可以市，尊行可以加人。
人之不善，何棄之有？
故立天子，置三公，
雖有拱璧以先駟馬，
不如坐進此道。
古之所以貴此道者何？
不曰：求以得，

有罪以免邪（ㄧㄝˊ）？

故為天下貴。

〈白話〉

道，是萬物的庇蔭。它是善人的寶貝，不善人的依靠。美妙的言詞可以用於社交，高貴的行為可以贏得尊敬。人就算有不善的，又怎能捨棄道呢？所以，天子即位，大臣就職時，雖然舉行先奉上拱璧，後奉上駟馬的禮儀，還不如就用「道」做為獻禮。古代重視道的原因是什麼呢？不正是說：有求的即能獲得，有罪的可以免除嗎？所以為天下人所重視。

〈解讀〉

①「不善人之所保」：不善之人也要依靠「道」才可得到保全。本章中間的「人之不善，何棄之有」，以及稍後的「有罪以免」，皆與此呼應。

②「三公」：太師、太傅、太保。「拱璧」：圓鏡形中有圓孔的玉。

③「道」能夠讓人「求以得，有罪以免」，因為一切皆來自於道，又回歸於道。若能悟道，則尚有何求？又有何罪不可免？

第六十三章

為無為，

事無事，

味無味。

大小多少，

（報怨以德）。

圖難於其易，為大於其細；

天下難事，必作於易；

天下大事，必作於細。

是以聖人終不為大，故能成其大。

動詞

跟別人有關的，

任何事沒有容易的

野的

一切事皆始於道也回於道

道：

別人對你子好，他有困難，我仰

對你子好，你對他好。

你有能力

夫（輕諾必寡信），（多易必多難）。

是以聖人猶難之，故終無難矣。

〈白話〉

（所作為的），是無所作為；（所從事的），是無所事事；（所品味的），是淡而無味。大小多少不必計較，以德行來回應怨恨。解決困難，要在它還容易的時候；成就偉大，要在它還微小的時候；天下的難事，一定開始於容易；天下的大事，一定開始於微小。因此，聖人從不自以為偉大，所以能夠成就他的偉大。（輕易就許諾的，一定很少能守信；看事情太容易的，一定先遇上各種困難）。因此，聖人總把事情看得困難，以致最後毫無困難。

〈解讀〉

① 「為無為，事無事，味無味」…王弼注：「以無為為居，以不言為教，以恬淡為味，治之極也。」這是統治的最高境界。老子書中，許多話都是描寫悟道的統治者的作風。我們不必成為統治者，但卻依然可以悟道，並在個人的生活圈中加以體驗。

儒：以人為中心
道：以道為中心

以直報怨 真誠 正直

以德報怨
松子話，要看破
亨白教
人生程
修佐級

②「大小多少，報怨以德」：可參照七十九章「和大怨，必有餘怨，安可以為善？」「報怨以德」一語常被認為是老子的處世態度。《論語・憲問》：「或曰『以德報怨，何如？』子曰：『何以報德？以直報怨，以德報德。』」老子與孔子的立場，由此可見其異。

③有關「難、易」與「大、小」的討論，意在提醒人早作準備，因為任何事物都是漸進形成的。缺少遠見與決心，將會寸步難行。「輕諾必寡信，多易必多難」一語，實為人生至理名言。

第六十四章

其安易持，其未兆易謀。

其脆易泮ㄆㄢˋ，其微易散。

為之於未有，治之於未亂。

合抱之木，生於毫末；

九層之臺，起於累土；

千里之行，始於足下。

為者敗之，執者失之。

是以聖人無為故無敗，無執故無失。

民之從事，常於幾成而敗之。

慎終如始，則無敗事。
是以聖人欲不欲，不貴難得之貨；
學不學，復眾人之所過，
以輔萬物之自然而不敢為。

〈白話〉

情況安定時容易把握，情況尚無迹象時容易圖謀。事物脆弱時容易化解，事物微細時容易消散。要在事情尚未發生時就處理好，要在禍亂尚未出現時就控制住。合抱的大樹，是從小芽苗長成的；九層的高臺，是從一匡土堆起的；千里的行程，是從腳底下跨出的。作為的將會失敗，把持的將會落空。因此，聖人無所作為，也就不會失敗；無所把持，也就不會落空。人們做事，常在快要成功時反而失敗。面對事情結束時，能像開始時那麼謹慎，就不會遭致失敗了。因此，聖人想要的就是沒有欲望，不重視稀有的商品；想學的就是沒有知識，補救眾人所犯的過錯，以此助成萬物自己如此的狀態，而不敢有所作為。

〈解讀〉

①本章開頭，連續四個「易」字，來自豐富經驗與深刻觀察，顯示悟道之人的自信，能夠見微知著。接著所論的「合抱之木、九層之臺、千里之行」，肯定了「慎始」的重要。接著談及「民之從事」一語，則強調了「慎終」的重要。只有慎始慎終，才可使各種活動順利完成。

②然而，「眾人之所過」一語提醒我們：人間活動以「敗、失」居多，造成無數後遺症。而聖人之「欲不欲」與「學不學」，是為了彰顯「無欲」與「無知」的理想。唯其如此，才可助成「萬物之自然」。關於「自然」概念，在本書共出現五次，可參考十七章、二十三章、二十五章、五十一章。

第六十五章

古之善為道者，非以明民，將以愚之。
民之難治，以其智多。
故以智治國，國之賊；
不以智治國，國之福。
知此兩者亦稽式。
常知稽式，是謂玄德，
玄德深矣，遠矣，
與物反矣，
然後乃至大順。

知有偏差 ↓ 欲望有問題

〈白話〉

從前善於推行「道」的人，不是用道來教人民聰明，而是用道來教人民愚昧。人民所以很難治理，是因為他們智巧太多。因此，以智巧來治理國家，是國家的災禍；不以智巧來治理國家，是國家的福氣。認識這兩者就是明白了法則。總是處於明白法則的狀態，就稱為神奇的德，神奇的德深奧啊，遙遠啊，與萬物一起回歸啊，然後抵達最大的順應。

〈解讀〉

①「非以明民，將以愚之」一語，常被視為老子的愚民主義。然而，此語中的兩個「以」字，顯然是承「善為道者」的「道」字而言，亦即「以道」來明之或愚之。如此一來，情況就不同了。在人看來為愚的，在道往往為明，如此又何愚民之有？

②承上所述，治國要不要以智呢？答案是否定的。認清國之賊與國之福，就知道應該依循的法則了。「玄德」一詞亦見於十章，是「善為道者」的表現，既神奇又深遠，而結果則是「大順」。「與物反矣」一語，可配合「反者道之動」（四十章）來看。

第六十六章

江海所以能為百谷王者，以其善下之，故能為百谷王。

是以聖人欲上民，必以言下之；欲先民，必以身後之。

是以聖人處上而民不重，處前而民不害。

是以天下樂推而不厭。

以其不爭，故天下莫能與之爭。

〈白話〉

江海所以能成為百川歸往之處，是因為它善於處在低下的位置，這樣才能讓百川歸往。因此，聖人想要居於人民之上，一定要言語謙下；想要居於人民之前，一定要退讓於後。如此，聖人居於上位而人民不覺得有負擔；站在前列，而人民不覺得有妨礙。於是天下人樂於擁戴他而不會嫌棄。因為他不與人爭，所以天下沒有人能夠與他爭。

〈解讀〉

①本章以「江海」為喻，生動地指出：做為統治者的聖人，必須「以言下之，以身後之」。如此在領導及治理時，百姓「不重」也「不害」，還會「樂推而不厭」。老子這種想法的焦點是「聖人統治者」，猶如柏拉圖所謂的「哲學家君王」，在現實世界恐怕都難以實現。

②「不爭」是處世的重要原則。不過，不爭只能保證不會失敗，譬如不參加競爭，當然無從失敗；但是要說「天下莫能與之爭」，則似乎又必須針對那位「聖人統治者」才有意義。

第六十七章

天下皆謂我道大，似不肖。

夫唯大，故似不肖。

若肖，久矣其細也夫。

我有三寶，持而保之。

一曰慈，二曰儉，三曰不敢為天下先。

慈故能勇；

儉故能廣；

不敢為天下先，故能成器長。

今舍慈且勇，舍儉且廣，舍後且先，死矣。

學而實習之，道要時候實踐

聖人三大法寶

一切事自於道，無所不在

母愛的慈

悟道、對任何人像母親一樣

慈 對人 包容

領導者：以服務代替領導

對物珍惜

儉：手握不得

要

慈：連孩子別人 以服務領導

夫慈，以戰則勝，以守則固。天將救之，以慈衛之。

〈白話〉

天下人都認為我的「道」太大了，似乎什麼都不像。正因為它太大，所以似乎什麼都不像。如果像是什麼東西，早就變得很渺小了。我有三種法寶，一直掌握及保存著。第一是慈愛，第二是儉約，第三是不敢居於天下人之先。因為慈愛，所以能夠勇敢；因為儉約，所以能夠推擴；因為不敢居於天下人之先，所以能夠成為眾人的領袖。現在如果捨棄慈愛而求取勇敢，捨棄儉約而力求推擴，捨棄退讓而爭取領先，結果只有死亡了。以慈愛來說，用於戰爭就能獲勝，用於守衛就能鞏固。天要救助一個人，會用慈愛去保護他。

〈解讀〉

①「道」之大，是至大無外，包含一切在其內，所以不可能肖似任何具體之物。否則，再怎麼大，也有定限，也不值得一提。

②「三寶」：一、慈代表母性的愛，以寬容為上。老子常以「母」喻道，因為萬物皆由道而生，皆應受到寬待。二、儉是儉約，要收斂及約束欲望。三、不敢為天下先，要退讓居後而不爭。

③「慈故能勇」：因為要包容及保存一切，所以奮不顧身。孔子說：「仁者必有勇，勇者不必有仁」（《論語・憲問》）可資參考。「儉故能廣」：因為儉約不浪費，所以萬物的效用可以推擴到極限。「不敢為天下先，故能成器長」：「成器長」一詞常被譯為「萬物的領袖」，其實所指只是天下眾人之長而已。

④「天將救之，以慈衛之」：天要救助一人，則此人必能領悟「慈」的道理，然後「慈，以戰則勝，以守則固」，不是達成天意了嗎？老子有「天將救之」一語，又配合「慈」之自然效應來談，顯示他在主宰之天與自然之天這兩者的關係上，仍在力求協調。

第六十八章

善為士者，不武；
善戰者，不怒；
善勝敵者，不與；
善用人者，為之下。
是謂不爭之德，
是謂用人，
是謂配天，古之極也。

不爭
3、22、66、68、73、81
別人爭我就放開

〈白話〉

善於擔任將帥的人，不崇尚武力；善於作戰的人，不輕易發怒；善於克敵致勝的人，不直接交戰；善於用人的人，對人態度謙下。這叫做不與人爭的操守，這叫做運用別人的力量，這叫做符合天道的規則，這是自古已有的最高理想。

〈解讀〉

①「善為士者」：王弼注：「士，卒之帥也。」在此，「士」作將帥解。「為士」也可以解為「率領士卒」。兩者意思相去不遠。

②將帥若能做到「不武、不怒、不與、為之下」，則將戰無不勝。最後還是歸結為「不爭之德」。在此，「德」指操守或表現而言。至於「配天」一詞，亦存古意。

第六十九章

用兵有言：

「吾不敢為主，而為客；

不敢進寸，而退尺。」

是謂行無行，攘無臂，

扔無敵，執無兵。

禍莫大於輕敵，

輕敵幾喪吾寶。

故抗兵相若，哀者勝矣。

〈白話〉

指揮軍隊的人說過：「我不敢採取攻勢，而要採取守勢；不敢前進一寸，而要後退一尺。」這就是說，陳列而沒有陣勢，奮舉而沒有臂膀，對抗而沒有敵人，持握而沒有兵器。禍患沒有比輕敵更大的，輕敵將會喪失我的法寶。所以，兩軍對抗而兵力相當時，慈悲的一方可以獲勝。

〈解讀〉

①主與客：作戰時，「主」代表採取主動攻勢；「客」代表被動迎戰，採取守勢。一般而言，攻比守要耗費更多兵力。

②「行無行」等四語，表示不落形迹，亦不受局限，因為指揮官沒有「一定要如何」的執著，而可以隨著形勢調整策略。這一切的背後是不敢輕敵，所以戒愼恐懼。

③「輕敵幾喪吾寶」：一般認為，「吾寶」是指「三寶」（六十七章）；不過從後續所說的「哀者勝矣」看來，應該是專指三寶之首的「慈」而言。「哀」有慈憫、不忍之

意；所謂「慈故能勇」，「以戰則勝」（六十七章）。哀兵是不得已而戰，自然不會輕敵，所以常可獲勝。王弼說：「哀者必相惜，而不趨利避害，故必勝。」

第七十章

（吾言甚易知，甚易行。）
天下莫能知，莫能行。
言有宗，事有君。
夫唯無知，是以不我知。
知我者希，則我者貴。
是以聖人被褐懷玉。

〈白話〉
我的言論很容易了解，也很容易實踐。天下人卻沒辦法了解，也沒辦法實踐。言論有宗旨，行事有根據。正是因為無知，所以不了解我。能了解我的很少見，能效法我的很可貴。因

莊子：多媒体 故事不能看表面

用減法減去成見，失去執著，變化中都不可靠。

人與人之間悲觀、選擇、太複雜。存在表面。

回歸生命原始。小孩（單純，只是單純）

減少慾望早上起來話著，牙齒沒庸。

幸福？

現實美人生退遠？

學道家，

①人和萬物一体：來自於道

②人和萬物于孫：人可以悟道。人生目的悟道若股

有悟道、我于到根源。但悟道了如在道

祖、水于乾涸

此，聖人外面穿著粗衣，懷內揣著美玉。

〈解讀〉

①老子認為自己的言論「甚易知，甚易行」，因為他所講的，只是讓一切回歸自己如此的狀態；他所做的，只是「無心於為」與「無所作為」，讓一切順著本性與稟賦去發展。由此衍生出柔弱、順從、謙下、不爭的表現，確實可說是「易知易行」。

②為什麼天下人「莫能知，莫能行」呢？因為大家對「道」（究竟真實）太陌生了，以致忘記了那是萬物的起源以及萬物的歸宿，然後只好困陷於人間的相對價值觀中，作徒然無謂的掙扎，並在最後空留各種遺憾。人們不僅對「道」遺忘，連對「德」（本性與稟賦）也迷失了，亦即以「德」為工具，去換取外在短暫的利益，以致得不償失。

③「言有宗，事有君」：老子的言論宗旨在於為世人展示「道」；而他的行事根據則是保存天賦之「德」。

④「聖人被褐懷玉」一語，可以代表老子的「聖人」在大眾心目中的形象。

天下大亂 思想 虛擬聖人

道家

第七十一章

知不知，尚矣；
不知知，病也。
聖人不病，以其病病。
夫唯病病，是以不病。

〈白話〉

知道而不自以為知道，最好；不知道而自以為知道，就是缺點。聖人沒有缺點，因為他把缺點當作缺點。正因為他把缺點當作缺點，所以他沒有缺點。

〈解讀〉

①「知不知」一語，通常有二解：一是「知道自己不知道」；二是知道而不自以為知道。我們採取後者，理由有三：一、「知道自己不知道」，是一個出發點，而不是一個最終目標，所以不宜說是「尚」。世人雖然「強不知以為知」，但亦不能說是毫無所知。二、以「尚」描寫聖人，應屬合宜，那麼試問：聖人是「知道自己不知道」，還是「知道而不自以為知道」？三、配合「不知知」一語來看，學者大多譯此語為「不知道而自以為知道」，那麼對「知不知」要怎麼譯呢？當然是「知道而不自以為知道」了。

②「聖人不病，以其病病」：為什麼「病病」就可以「不病」？因為當聖人把缺點當作缺點來看時，自然會設法避開或改善了。問題是：一般人並不認為「不知知」是毛病，所以終身帶著這種毛病。

第七十二章

民不畏威，則大威至。
無狎其所居，無厭其所生。
夫唯不厭，是以不厭。
是以聖人自知不自見；
自愛不自貴。
故去彼取此。

〈白話〉

人民不害怕威迫的時候，大的禍亂就來到了。不要打斷人民的日常生活，不要壓制人民的謀生之路。只有不壓制人民，才不會被人民討厭。因此，聖人了解自己而不顯揚自己；愛惜自己而不抬高自己。所以捨去後者而採取前者。

〈解讀〉

①本章「威」字二見：一為威迫，一為禍亂。依王弼注，談到「大威」時，甚至說是「上下大潰」、「天誅將至」，其禍亂之嚴重程度難以想像。

②「無狎其所居」：「狎」字通「閘」，為截斷、關閉之意。若「狎」作「狹」，則意為「不要狹迫（窄化）人民的居處」，意思較晦。

③本章「厭」字三見，前二者意為「壓制」；而「是以不厭」的「厭」，則指「討厭」。

④聖人「不自見，不自貴」，自然不會干擾及威迫百姓了。「去彼取此」一語亦見於十二章、三十八章。

第七十三章

勇於敢則殺，
勇於不敢則活。
此兩者，或利或害。
天之所惡，孰知其故？
天之道，
不爭而善勝，
不言而善應，
不召而自來，
繟然而善謀。

天網恢恢，疏而不失。

〈白話〉

勇於敢作敢為，就會喪命；勇於不敢作為，就會活命。這兩種勇的結果，一獲利一受害。上天所厭惡的，誰知道其中的緣故？自然法則的運作是：不爭鬥而善於獲勝，不說話而善於回應，不召喚而自動到來，雖遲緩而善於謀畫。自然的羅網廣大無邊，雖然疏鬆卻沒有任何漏失。

〈解讀〉

①「勇於敢」一語，可參考「堅強者死之徒，柔弱者生之徒」（七十六章）。「敢」指涉「堅強」，而「不敢」指涉「柔弱」，這是老子的一貫立場。較為特別的是：「不敢」也需要「勇」，而這種「勇」顯然更為不易。

②本章三個「天」字，值得省思。首先，「天之所惡」一語，表示「天」有好惡，亦即

具有主宰性格。但是隨即加上的「孰知其故？」一語，就透露了老子不願多加著墨，亦即不願詢問天的意志是什麼。接著，立刻轉而介紹「天之道」，意指「自然界的規律」。「天之道」所取法的，當然是「道」了，因為「天法道」（二十五章）。於是，「不爭而善勝」四語，頗為符合其他各章有關「道」的描述。第三，「天網」一詞，是指自然界的範圍所形成的羅網，是無物可以脫逃的。

spinoza

倫理學　几何学証

分辨善惡

行善避惡

先下定義

設立公則

命題　証明　涉八譯

如何

為何

知

第七十四章

民不畏死，奈何以死懼之？

若使民常畏死，

而為奇者，吾將得而殺之，孰敢？

常有司殺者殺。

夫代司殺者殺，是謂代大匠斲ㄓㄨㄛˊ。

夫代大匠斲者，希有不傷其手矣。

〈白話〉

人民不害怕死亡時，怎麼能用死亡來恐嚇他們？如果讓人民真的害怕死亡，對那些搗亂的人，我就可以抓來殺掉，那麼誰還敢再搗亂？總是有行刑官去執行殺人。代替行刑官去執行殺人的，就像代替大木匠去砍木頭一樣。代替大木匠去砍木頭，很少有不砍傷自己手的。

〈解讀〉

①「民不畏死」一語的背景，是民不聊生，甚至生不如死，這時還有什麼好怕的？不去思考這樣的背景，卻只想以殺止亂，正是緣木求魚。

②「常有司殺者殺」：在此，「常」字暗示自然法則，亦即人的生死是由自然法則來決定，猶如自然的行刑官，可參考「天網恢恢，疏而不失」（七十三章）。這裏所說的不是宿命論，而是指出：若是違背自然法則，將會自尋死路。

③「代司殺者殺」一語，提醒統治者不要以為自己可以代天行道，決定人民的生死。凡是這樣做的人，「希有不傷其手」，甚至所傷的不只是手。

第七十五章

民之飢，以其上食稅之多，是以飢。
民之難治，以其上之有為，是以難治。
民之輕死，以其上求生之厚，是以輕死。
夫唯無以生為者，是賢於貴生。

〈白話〉

人民陷於飢餓，是由於統治者吃掉太多稅賦，因此陷於飢餓。人民難以治理，是由於統治者喜歡有所作為，因此難以治理。人民輕易赴死，是由於統治者生活奉養豐厚，因此輕易赴死。只有不刻意求生的人，要比重視生命的人更高明。

〈解讀〉

① 民之「飢、難治、輕死」，一層比一層嚴重，而原因都是居於上位的統治者。統治者抽稅太多，人民窮困飢餓；統治者有所作為，人民不堪其擾，從消極抵制到積極反抗，結果則是難治。統治者生活奉養豐厚，人民為什麼輕易赴死呢？除了窮困飢餓之外，還不甘心成為被利用的工具。如果活著只是受苦，為什麼要珍惜生命？古代人民無法回答這個問題。

② 「貴生」是指看重生命，這是道家所肯定的想法；不過，還有一個更高明的觀點，就是「無以生為」，不把求生當成一回事，亦即順其自然。唯有如此，才不會誤以為

黃宇羲
《明夷待訪錄》

租稅太重
政令太多
聚斂無度

求生之厚

即是貴生。

地面一兌棒足

明夷
地火

第七十六章

人之生也柔弱，其死也堅強。

草木之生也柔脆，其死也枯槁（ㄍㄠˇ）。

故堅強者死之徒，

柔弱者生之徒。

是以兵強則滅，木強則折。

強大處下，柔弱處上。

先描述客觀

轉移到生活上

什麼時候剛

什麼時候柔

〈白話〉

人活著時身體是柔軟的，死了以後就變得僵硬了。草木活著時枝葉是柔脆的，死了以後就變得枯槁了。所以，堅強的東西屬於死亡的一類，柔弱的東西屬於生存的一類。因此，兵力強盛了會被滅亡，樹木強壯了會被摧折。強大的居於劣勢，柔弱的處於優勢。

〈解讀〉

①人之生死，與草木之生死，皆可就其形質加以判斷，這是經驗上可以找到的材料。然後由此類推，指出處世態度也應該取柔弱而戒堅強。

②「兵強則滅」，因為戰爭的結果必有死傷，即使戰勝了也會蒙受損失，長期下來國家也難以倖存。「木強則折」，因為強壯的樹木即使未被砍伐利用，也將在暴風襲擊之下率先折斷。換言之，暴風時，柔弱的草木反而較易保全。

③《莊子．天下》：「曰：堅則毀矣，銳則挫矣。」

第七十七章

天之道，其猶張弓與？
高者抑之，下者舉之；
有餘者損之，不足者補之。
天之道，損有餘而補不足。
人之道則不然：
損不足以奉有餘。
孰能有餘以奉天下？唯有道者。
是以聖人為而不恃，
功成而不處，

其不欲見賢。

〈白話〉

自然的法則，不是像拉開弓弦一樣嗎？高了就把它壓低，低了就把它抬高；過滿了就減少一些，不夠滿就補足一些。自然的法則，是減去有餘的並且補上不足的。人世的作風就不是如此，是減損不足的，用來供給有餘的。誰能把有餘的拿來供給天下人？只有悟道的人能夠如此。因此，聖人有所作為而不仗恃己力，有所成就而不自居有功，他不願表現自己的過人之處。

〈解讀〉

①「張弓」：拉開了弦，準備射箭時，首先要根據目標之高低，以便將持弓的位置調整合宜；其次要看所拉的弓是太滿還是不足，這要依目標之遠近而定。總之，這個比喻所強調的是整體的平衡與和諧。另外，也有就「製弓」過程來描寫的，如嚴遵《道德

真經指歸》說：「夫弓人之為弓也，既殺既生，既翕既張，制以規矩，督以準繩。弦高急者，寬而緩之；弦馳下者，攝而上之，其有餘者，削而損之；其不足者，補而益之。」此說可供參考，不過，本章所論為「張弓」而非「製弓」。

②「人之道」：人世的作風。這種作風難免造成資源分配不均，貧富差距擴大。在此，聖人的作為顯然是效法天之道的。

第七十八章

天下莫柔弱於水，而攻堅強者莫之能勝，
以其無以易之。
弱之勝強，柔之勝剛；
天下莫不知，莫能行。
是以聖人云：
「受國之垢，是謂社稷主；
受國不祥，是為天下王。」
正言若反。

〈白話〉

天下沒有比水更柔弱的，但是攻打堅強之物時，也沒有能勝過水的，因為它是無法被替代的。弱可以勝強，柔可以克剛；天下沒有人不知道，卻沒有人做得到。因此，聖人說：「承擔一國的屈辱，才可稱為國家的君主；承擔一國的災禍，才可稱為天下的君王。」正面的言論，聽起來像是反面的。

〈解讀〉

①水：在日積月累之下，滴水可以穿石；若是匯成巨流，則懷山襄陵，沖毀城鎮，亦非難事。

②「天下莫不知，莫能行」：為什麼知而不行？因為所知不夠透徹，以致既無信心也無耐心。譬如前述「日積月累」與「匯成巨流」，都需要長期的工夫。

③《莊子・天下》引述老聃的話：「知其雄，守其雌，為天下谿。知其白，守其辱，為天下谷。人皆取先，己獨取後，曰：受天下之垢。」統治者除了明白「柔弱勝剛強」

的道理之外，還須承受天下的「垢、不祥」，就像江海容納百川時，也必須接納一切污垢。

④「正言若反」：高延第《老子證義》說：「此語並發明上下篇立言之旨，凡篇中所謂致虛守靜；曲則全，枉則直，窪則盈，敝則新，柔弱勝堅強；不益生，則久生；無為則有為；不爭莫與爭；知不言，言不知；損而益，益而損；言相反而理相成，皆正言也。」事物發展的結果常與當初預期的相反，這是因為人的聰明受限，無法領悟「相反相成」的常態現象。

第七十九章

和大怨，必有餘怨；安可以為善？

是以聖人執左契，而不責於人。

有德司契，無德司徹。

天道無親，常與善人。

〈白話〉

重大的仇怨經過調解，一定還有餘留的怨恨；這樣怎能算是妥善的辦法？因此，聖人好像保存著借據的存根，而不向人索取償還。有德行的人像掌管借據那樣寬裕；無德行的人像掌管稅收那樣計較。自然的規律沒有任何偏愛，總是與善人同行。

〈解讀〉

①專家認為，在「和大怨，必有餘怨」之後，應該加上「報怨以德」（六十三章）一語。不過，如此一來，「安可以為善？」所問的就是「報怨以德」了。難道老子會認為「報怨以德」還不算理想嗎？若是不加此語，其意並無晦澀，亦即希望從根本上不要與人結怨；而後續所說的即為具體方法。

②「聖人執左契」一語引起爭議，關鍵在於「左契」與「右契」：究竟何者為債權人所執？何者為負債人所執？帛書甲本寫作「右契」，而其他各本多為「左契」，亦即在原始文本上即有疑點。不過，由本章文脈可知，聖人所執者應該是出錢借人的借據存根，否則又憑什麼說他「不責於人」？聖人給人金錢而不向人要債，自然無怨可生。

③「司契」總是借錢給人，所以寬裕和樂，受人歡迎。「司徹」負責收取租稅，一定斤斤計較，受人厭惡。這兩者都是比喻，代表截然不同的人生態度。「徹」為周朝的稅制，十取其一。

④「天道無親，常與善人」：這句話是古人的信念，反映了主宰之天與自然之天並行的

矛盾。主宰之天必然「常與善人」，自然之天必然「無親」（如五章「天地不仁」一語所說）。

第八十章

小國寡民。
使有什伯之器而不用；
使民重死而不遠徙。
雖有舟輿，無所乘之；
雖有甲兵，無所陳之。
使民復結繩而用之。
甘其食，美其服，
安其居，樂其俗。
鄰國相望，

樹志

吃什麼都好吃

雞犬之聲相聞，

民至老死不相往來。

〈白話〉

國土要小，人口要少。即使有各種器具也不使用；使人民愛惜生命而不遠走他鄉。雖然有船隻車輛，卻沒有必要去乘坐；雖然有武器裝備，卻沒有機會去陳列。使人民再用古代結繩記事的辦法。飲食香甜，服飾美好，居處安適，習俗歡樂。鄰國彼此相望，雞鳴狗叫的聲音相互聽得到，而人民活到老死卻不互相往來。

〈解讀〉

①本章代表老子心目中的理想社會。由其內容看來，並非原始的洪荒時代，而是雖有文明產品，卻能視而不見，無所用之。不過，人類不太可能取得類似的共識，於是文明日新月異，而人生的複雜苦惱也就無解了。

a ha

②「使民復結繩而用之」一語，直至本章結束的這一段話，在《莊子・胠篋》有大體類似的描寫，莊子稱之為「至德之世」。

③本章所述，可以做為人類心靈上的「理想國」或「桃花源」，雖不能至，不妨心嚮往之。

第八十一章

信言不美，美言不信。
善者不辯，辯者不善。
知者不博，博者不知。
聖人不積，
既以為人己愈有，既以與人己愈多。
天之道，利而不害；
聖人之道，為而不爭。

〈白話〉

實在的話不動聽，動聽的話不實在。善良的人不巧辯，巧辯的人不善良。了解的人不賣弄廣博，賣弄廣博的人不了解。聖人沒有任何保留：盡量幫助別人，自己反而更充足；盡量給與別人，自己反而更豐富。自然的法則，是有利萬物而不加以損害；聖人的作風，是完成任務而不與人競爭。

物質有時而窮，精神愈用愈出

〈解讀〉

①「信言，善者，知者」，皆以「真實」為其試金石，亦即表裏如一，內外一致。若是加上意念或企圖，就會變質為「美言，辯者，博者」。能夠不受後者所惑的人並不多。

②「聖人不積」一語，可參考《莊子・天道》：「天道運而無所積，故萬物成；帝道運而無所積，故天下歸；聖道運而無所積，故海內服。」老子主張「不積存、不保留、不停滯」，讓一切回歸於「道」，渾然無所分，如果做到「既以為人，既以與人」，

就會更肖似「道」，亦即接近圓滿無缺的境界了。《莊子・田子方》說：「既以與人，己愈有。」以此描寫「古之真人」。

③本章最後所云的「聖人之道」，亦有作「人之道」的。依文意看，應為「聖人之道」，但是聖人不是凡人所學習的對象嗎？凡人不是也該「為而不爭」嗎？老子全書的目的，不正是期許人人都成為這樣的聖人嗎？

道理說清楚 該別人自己思考

內容簡介

《老子》似乎是一面鏡子，人們總能藉它照見自己的本來面目，而未必說得清楚它原來的用意是什麼。

《老子》又名《道德經》，是開創道家思想的代表性經典。

《老子》原著不過五千餘言，但內涵廣博精微，諸子百家的注解與引申，使老學歷百代而不衰，所形成的思想及影響可以與儒家分庭抗禮；另一方面又精細到極致，微妙到不可思議的地步，因此，要闡釋《老子》五千言的微言大義也就絕非易事。

傅佩榮教授研習中西哲學三十餘年，近年致力於解讀儒家與道家的經典著作，傅教授解讀《老子》時，從「道」字這個關鍵概念入手，以現代白話譯解，綜合歷代注家與當代學者研究，參照並觀《莊子》，引領讀者跨越智慧的門檻、文字的隔閡，深入探訪老莊哲學幽深遼闊的思想花園。

比照現代社會的情境，人們對所謂成功、快樂的心靈焦慮，我們不妨欣然接受傅佩榮教授的邀請，一起研讀這本歷久彌新、值得一讀再讀的中國經典著作，或許會產生意想不到的跨越時空的對話。

解讀者

傅佩榮

美國耶魯大學哲學博士，曾任比利時魯汶大學客座教授，荷蘭萊頓大學講座教授，台灣大學哲學系主任兼研究所所長，現任台灣大學哲學系、所教授。著有《儒家哲學新論》、《中西十大哲學家》、《西方心靈的品味》、《不同季節的讀書方法》、《為自己解惑》、《人生問卷》、《四書小品》、《文化的視野》、《向莊子請益》（立緒文化）等數十部，並重新解讀《論語》、《孟子》《易經》、《莊子》、《老子》、《大學・中庸》（立緒文化）。

立緒文化事業有限公司　信用卡申購單

■信用卡資料

信用卡別（請勾選下列任何一種）

□VISA　□MASTER CARD　□JCB　□聯合信用卡

卡號：________________

信用卡有效期限：______年______月

訂購總金額：________________

持卡人簽名：________________（與信用卡簽名同）

訂購日期：______年______月______日

所持信用卡銀行________________

授權號碼：________________（請勿填寫）

■訂購人姓名：________________　性別：□男□女

出生日期：______年______月______日

學歷：□大學以上□大專□高中職□國中

電話：________________　職業：________________

寄書地址：□□□

____

■開立三聯式發票：□需要　□不需要（以下免填）

發票抬頭：________________

統一編號：________________

發票地址：________________

■訂購書目：

書名：__________、______本。書名：__________、______本。

書名：__________、______本。書名：__________、______本。

書名：__________、______本。書名：__________、______本。

共______本，總金額________________元。

⊙請詳細填寫後，影印放大傳真或郵寄至本公司，傳真電話：(02)2219-4998

國家圖書館出版品預行編目資料

老子解讀／老子作：傅佩榮解讀. －二版. －
新北市新店區：立緒文化，民 101
面； 公分--.(世界公民叢書)
ISBN 978-986-6513-56-5（平裝）
ISBN 978-986-7416-22-3（精裝）
1.老子－註釋

121.331 101010012

老子解讀（平裝）

出版者——立緒文化事業有限公司（於中華民國 84 年元月由郝碧蓮、鍾惠民創辦）
作者——老子
解讀——傅佩榮

發行人——郝碧蓮
顧問——鍾惠民

地址——新北市新店區中央六街 62 號 1 樓
電話——(02)22192173
傳真——(02)22194998
E-Mail Address: service@ncp.com.tw
網址：http://www.ncp.com.tw
劃撥帳號——1839142-0 號　立緒文化事業有限公司帳戶
行政院新聞局局版臺業字第 6426 號

總經銷——大和書報圖書股份有限公司
電話——(02)8990-2588　傳真——(02)2290-1658
地址——新北市新莊區五工五路 2 號
排版——伊甸社會福利基金會附設電腦排版
印刷——祥新印刷股份有限公司

法律顧問——敦旭法律事務所吳展旭律師

分類號碼——121.331
ISBN 978-986-6513-56-5（平裝）
ISBN 978-986-7416-22-3（精裝）
平裝出版日期——中華民國 92 年 9 月～100 年 9 月初版　一～十一刷（1～13,200）
中華民國 101 年 9 月～104 年 5 月二版　一～三刷（1～2,200）
中華民國 106 年 12 月二版　四刷（2,201~2,700）
精裝出版日期——中華民國 100 年 9 月初版　一～三刷（1～1,900）

定價◉300 元（平裝）
420 元（精裝）

根津美術館

南青山 微熱山丘
隈研吾設計

美術館內用餐
下午茶

宮崎駿
崎